日语语言学透视研究与应用

单晓燕 著

图书在版编目（CIP）数据

日语语言学透视研究与应用/单晓燕著.--北京：中国书籍出版社，2023.6

ISBN 978-7-5068-9464-7

Ⅰ.①日… Ⅱ.①单… Ⅲ.①日语—语言学—研究 Ⅳ.①H36

中国国家版本馆 CIP 数据核字(2023)第 113673 号

日语语言学透视研究与应用

单晓燕　著

责任编辑	吴化强
装帧设计	李文文
责任印制	孙马飞　马　芝
出版发行	中国书籍出版社
地　　址	北京市丰台区三路居路 97 号（邮编：100073）
电　　话	（010）52257143（总编室）（010）52257140（发行部）
电子邮箱	eo@chinabp.com.cn
经　　销	全国新华书店
印　　刷	天津和萱印刷有限公司
开　　本	710 毫米 × 1000 毫米　1/16
字　　数	215 千字
印　　张	12
版　　次	2023 年 8 月第 1 版
印　　次	2023 年 8 月第 1 次印刷
书　　号	ISBN 978-7-5068-9464-7
定　　价	72.00 元

版权所有　翻印必究

前 言

语言是文化交流的基本载体，也是国际交往的重要桥梁，更是衡量一个国家文化软实力的标尺。近年来，随着外语学习的大力发展，越来越多的中国人开始加入外国语言文化学习中，担负起弘扬中华民族传统文化的重任。日本作为中国的邻邦，地处亚欧大陆东端，是一个四面环海的群岛国家，与中国隔海相望。不管是古代还是现代，两国在政治、经济、文化上都交流频繁，同时日本深受中国文化影响，但由于其独特的地理条件和悠久的历史，其文化又有别具一格的自然魅力。一直以来，日本在不断地吸收各国优秀文化，从而形成了日本独特的融合性文化。日语作为一种典型的融合性文化，是日本文化的重要组成部分，也是日本发展历史中的重要财富，它在吸收了多种语言文化的基础上，结合日本本土文化，经过多年的历史沉淀，发展成世界上最受欢迎的小语种之一。由于日语在形成过程中与中国汉字有着颇深的渊源，因此在学习日语时，我们有必要去学习日本的语言文化，研究日语语言学的基本内容。

通常而言，学习语言最大的目的就是为了交际，交际需要两个基本条件：其一是对同一文化的认同，其二是语言或非语言行为。因此，同一文化下的同一语言的交际要容易很多，并且已经成为社会生活中不可或缺的一环。然而，跨文化交际则不同，其不仅对交际者语言能力有较高的要求，同时还需要交际者具备跨文化视野，即对两种或两种以上文化有正确认识和理解。中日之间的交际同样如此。中日两国虽然同位于东亚，日本文化也大量吸收了中国文化的很多要素，但不可否认的是中日两国是在不同的社会背景下发展起来的，并且所形成的民族常识、习俗、价值观等也存在很大不同。也就是说，中日之间的交际同样属于跨文化交际，对日本文化的正确把握同样是中日跨文化交际的重要课题之一。一直以来，我国日语教学、研究领域中，很多人士从事着对日本的研究工作，并取得了可观的研究成果。

本书共分为七章，第一章内容为日语语言学概述，分别介绍了日语的分类、日语的语言单位及特点、日语的句子成分；第二章内容为日语的语言文字研究，主要阐述了日语的词汇与语义、日语的语法以及日语的文字标识；第三章内容为日语的语音研究，分别对日语的语音概述、日语的节奏以及日语的声调进行了阐述；第四章内容为日语的语篇与语体研究，分别介绍了日语语篇和日语语体；第五章内容为日语语用语言学与社会语言学，分别介绍了日语语用语言学和日语社会语言学；第六章内容为日语的语言学科，对日语历史文化语言学、日语认知语言学、日语心理语言学进行了分析；第七章内容为汉日语言差异比较研究，分别阐述了中国大陆及港澳台地区的汉日语言差异、汉日语言差异比较研究的现状以及汉日语言学的词、音、义差异。

在撰写本书的过程中，作者得到了许多专家学者的帮助和指导，参考了大量的学术文献，在此表示真诚的感谢。本书内容系统全面，论述条理清晰、深入浅出，但由于作者水平有限，书中难免会有疏漏之处，希望广大同行及时指正。

作者

2022 年 10 月

目 录

第一章　日语语言学概述 ··· 1
　　第一节　日语的分类 ··· 1
　　第二节　日语的语言单位及特点 ································· 8
　　第三节　日语的句子成分 ··· 13

第二章　日语的语言文字研究 ··· 18
　　第一节　日语的词汇与语义 ······································ 18
　　第二节　日语的语法 ··· 22
　　第三节　日语的文字标识 ··· 28

第三章　日语的语音研究 ··· 32
　　第一节　日语的语音概述 ··· 32
　　第二节　日语的节奏 ··· 40
　　第三节　日语的声调 ··· 47

第四章　日语的语篇与语体研究 ····································· 63
　　第一节　日语语篇 ··· 63
　　第二节　日语语体 ··· 69

第五章　日语语用语言学与社会语言学 ··························· 76
　　第一节　日语语用语言学 ··· 76
　　第二节　日语社会语言学 ··· 88

1

第六章 日语的语言学科···93
第一节 日语历史文化语言学··93
第二节 日语认知语言学··109
第三节 日语心理语言学··118

第七章 汉日语言差异比较研究···126
第一节 中国大陆及港澳台地区的汉日语言差异···126
第二节 汉日语言差异比较研究的现状···136
第三节 汉日语言学的词、音、义差异···142

参考文献··183

第一章 日语语言学概述

语言存在于人们的日常生活之中。尽管人们几乎每时每刻都离不开语言，然而一旦想要对它进行研究，又往往会觉得无从下手。因为任何一种语言随着时间的变迁、场所的变化都会有所不同。但是，语言又是有规律的，其变化也是循序渐进的。本章内容为日语语言学概述，分别介绍了日语的分类、日语的语言单位及特点、日语的句子成分。

第一节 日语的分类

一、日语动词的分类

日语动词的分类是日语分类方法中的一种，是从动词的角度对日语词汇进行分类。下面主要从日语动词的语义分类和语态分类两个角度进行简单论述。

（一）日语动词语义分类

从语义的角度对日语动词进行分类时，可以将日语动词分为动作动词、变化动词和状态动词三类。

1. 动作动词

从动作的角度来认识动词就产生了动作动词的概念。动作动词中的动作通常包括四个主要因素：施动者、受动者、动作过程和施动结果。施动者是指实施动作的主体，受动者是指接受动作的客体，动作过程是指动作进行的整个过程，施动结果是指受动者接受动作以后的变化，包括状态变化、位置变化等。下面结合具体例子进行说明。

たたむ、ひろげる、まく、とく、むすぶ、しばる、ける、しめる

在这里，可以很明显地看到动作动词的施动者、受动者、动作过程和施动结

果等要素。另外，动作动词中还有一类动词是再归动词，再归动词是指自己对自己施加动作的一类动词，在再归动词中，施动者和受动者是一个主体，动作的主体同动作的客体是一样的。因此，再归动词的持续状态有两种不同的意义，一种是动作的持续，一种是变化结果的状态。正确认识再归动词可以更好地理解动作动词。

2. 变化动词

从变化的角度来认识动词就产生了变化动词的分类概念，从词义上来说，变化动词主要包括四种要素，第一种是发生变化的事物，第二种是变化以前的状态，第三种是变化以后的新状态，第四种是旧状态向新状态转移的瞬间过程。变化动词主要是表达变化的含义。

3. 状态动词

从状态的角度来认识动词就产生了状态动词的概念。状态动词中的状态和动作动词中的状态是不一样的，动作动词中的状态是可以持续的一种状态，但是，状态动词中的状态是一种短暂的、不可持续、单纯的状态，这种状态不同于可以持续的状态，其是一个整体，不可以被分割。同时，状态动词的状态和变化动词的状态也是不一样的，状态动词的状态不包括变化以前的状态，也不包括变化以后的状态，是一个单纯、短暂的状态。

日语中的状态动词有很多，比如表示人的心理状态的动词、表示气象现象的动词、表示场所状态的动词等。

（二）日语动词语态分类

从语态角度来认识日语动词时，日语动词可以有三种不同的分类标准，由此形成三种不同类型的动词。第一种分类标准是动词能否接宾语：按照这个标准，动词可以被分为两种类型，第一种动词类型是自动词，第二种动词类型是他动词。第二个分类标准是动词表达的动作性质：按照这个分类标准，动词可以被分为四种类型，第一种动词类型是继续动词，第二种动词类型是状态动词，第三种动词类型是瞬间动词，第四种动词类型是第四类动词。第三个分类标准是动词的有无意志性：按照这个标准，动词可以被分为两种类型，第一种动词类型是意志动词，第二种动词类型是非意志动词。

1. 按该动词是否要接宾语分类

按照动词能否接宾语标准分类时，日语动词有自动词和他动词两种类型，这两种类型的动词都与语法范畴中的"态"有密切关系。

（1）他动词

他动词主要是指涉及动作、作用的动词。理解他动词和自动词时需要把握"态"的分类形式，动词中的"态"主要有可能态、自发态、使役态、被动态、主动态等。他动词与语态的关系非常密切，主要有三个方面。第一个方面是他动词可以接宾语；第二个方面是他动词可以用形式表示结果体，并且不受条件的约束；第三个方面是有他动词的句子可以转化为使役句、可能句等。了解他动词的这些特性是准确运用他动词的基础。

（2）自动词

自动词是表示主体自身的动词，包括主体自身的状态、动作、变化等。另外，自动词与"态"有密切的联系，主要有以下三方面。第一，自动词后面不可以接宾语；第二，自动词构成被动语态时是有限制条件的，如果自动词表示状态和可能，就不能构成被动态，另外，如果自动词本身就包含着被动含义，也不能够构成被动语态。第三，自动词的使役态，如果自动词没有相应的他动词，则该自动词有使役态；如果自动词有相应的他动词，则该自动词没有使役态；另外，表示状态和可能含义的自动词也是没有使役态的。了解自动词的这些特性是准确运用自动词的基础。

2. 按该动词所表达动作的性质分类

按照动词的动作性质标准进行分类时，日语动词有状态动词、继续动词、瞬间动词和第四类动词四种类型。这四类动词与语法中的"体"密切相关。

语法中的"体"是表达在某个时间动作所处状态的一种方式，主要有动作的开始状态、持续状态、终结状态；由此，在语法"体"的范畴内，现代日语动词主要有完成体、远离体、靠近体、继续体等形式。完成体是一种语法表达形式，主要是指把动作的开始、过程和结束当作一个整体来处理；继续体也是一种语法表达形式，是指动词持续过程中的某个片段。继续体和完成体是语法"体"概念中最重要的部分，准确认识这两种"体"表达方式是把握日语动词的重要内容之一。下面对四种类型的动词和"体"进行简单说明。

（1）状态动词

日语中的状态动词是指表示静止状态的动词。这类状态动词是没有"ている""てある"等形式的。

（2）继续动词

日语中的继续动词是指动词表示的动作在一定时间内可以持续进行或者持续发生作用，当接"ている"时，表示动作的继续进行。

（3）瞬间动词

日语中的瞬间动词是指动词表示的动作是瞬间可以结束或者瞬间作用的，这类瞬间动词只有始发、完了两个阶段。接"ている"表示留存状态。

（4）第四种动词

日语中的第四种动词是指动词表示事物的某种性质。这类词只有作定语的"た"形和结尾的"ている"形，表示恒常的状态。

3.按该动词有无意志性分类

按照动词有无意志性标准进行分类时，日语动词有意志动词和无意志动词两种类型。意志动词和无意志动词与语法中的"情态语气"密切相关。语法范畴中的"情态语气"具有比较丰富的含义，可以指说话者对事物的态度、评价等，也可以指说话者的居心、意志，说话者对听话者的命令、邀请等。"情态语气"是动词的重要语法范畴，对理解动词词性有重要作用。

（1）意志动词

日语中的意志动词是指动词的动作按照"有情物"的意志去完成。意志动词与"情态语气"的关系密切，主要体现在四个方面，一是意志动词用命令形表示命令、请求等，二是意志动词可以后续"う""よう"等助动词和"ほうがいい"等表示劝诱或劝告，三是意志动词可以后续"たい""たがる"等助动词，四是意志动词可以后续"やる""くれる""おく"等与意志有关的补助动词。了解意志动词的这些特性是准确使用意志动词的关键。

（2）无意志动词

无意志动词与"情态语气"的关系密切，主要体现在四个方面：一是无意志动词一般没有命令、请求的表达；二是后续"う""よう""まい"等助动词，只表示推测的意思，不表示劝诱意思；三是无意志动词不能接表示希望的助动词

"たい""つもり""ため"等；四是无意志动词不能接"やる""くれる"等表示授受的补助动词，也不能接"おく""みせる"等表示说话人意志的补助动词。①了解无意志动词的这些特性是准确使用无意志动词的关键。

二、日语敬语分类

日语中存在大量的敬语词汇，要想准确掌握这些敬语，需要对词汇中的敬语进行分类。敬语的分类方式有两种，第一种是传统的分类法，第二种是新的分类法，把握好这两种分类是学习敬语词汇的基础。

（一）传统分类法

日语中的敬语按照传统的分类方法主要被分为尊敬语、自谦语和郑重语三种类型。传统分类方法的分类标准是传统的日语语法理论，其中的分类依据主要是说话者的年龄、级别、说话对象、亲疏关系等。这是一种较为传统、延续时间长、影响广泛的分类方法，在中国的日语教材中都是采用这种传统分类法。了解传统分类法有助于我们了解日语和日语文化。

1. 尊敬语

日语词汇传统分类法中的尊敬语是指日语语言中表示尊敬时使用的表达形式，尊敬语的使用代表着说话者对对方的尊重、礼敬，也可以表现说话者的庄重、正式态度或者教养、品位等。另外，尊敬语还可以再分为两种类型，第一种类型是体言的尊敬语，第二种类型是用言的尊敬语。在敬语表达中，体言本身就含有尊敬的成分，也有通过增加前缀词语或者后缀词语来表示尊敬的敬语，一般是在称呼对方的时候用到。用言的尊敬语中，有些用言有对应的尊敬动词，另外，还有一些固定的表示尊敬的句型。准确区分尊敬语是掌握日语敬语的基础之一。

2. 自谦语

日语词汇传统分类法中的自谦语是指日语语言中以自谦的方式表示尊敬对方的表达方式，相对于直接表示尊敬意思的尊敬语来说，自谦语是一种间接表达尊敬之意的方式。在日语中，自谦语主要有两种类型，第一种类型是体言的自谦语，

---

① 梁艳琴.日语动词分类与语态关系[J].西南农业大学学报（社会科学版），2010（9）：3-5.

这类自谦语主要通过前缀的方式构成谦让语；第二种类型是动词的自谦语，主要有运用自谦动词和使用谦让句型两种方式来表达自谦的意思。

3. 郑重语

日语词汇传统分类法中的郑重语是指日语语言中表示庄重、尊敬含义的表达形式。在某种情况下，接头词"お、ご"也可以被归入郑重语的范畴中。区分、正确使用郑重语是掌握日语敬语的重要基础。

（二）新的分类法

日语敬语的传统分类方法是日语敬语分类的重要依据，但是，随着社会的发展，网络成为人们获取信息、交流信息的重要途径。网络化时代，人们用于交流的语言出现了多种多样的形式，敬语的形式也呈现出时代性、多样化的特点。社会的发展要求重新定位敬语的概念，要求对敬语进行重新分类，更新对敬语的认识。基于此，日语相关的敬语委员会做出新的规划，重新制定分类标准，把当前社会中出现的敬语划分为五类。

新的敬语分类法中，尊敬语的类型没有变化，谦让语和郑重语则发生了变化，谦让语由一个整体变为谦让语1、谦让语2两个部分，郑重语也由一个整体演变为郑重语和美化语两种类型。由此，形成敬语的五种新类型。

1. 尊敬语

尊敬语是日语敬语的一种类型，在新的敬语分类法中有新的内涵，主要表示对对方的尊敬，具体有三个方面：行为层面的尊敬语、事物层面的尊敬语、状态层面的尊敬语。

2. 谦让语1

谦让语1是由传统分类法中的自谦语变化、发展而来的，其主要从自己角度表示谦让的意思。

3. 谦让语2

谦让语2也是由传统分类法中的自谦语变化、发展而来的。和郑重语用法一样，其主要是使用郑重的方式来表示自己谦让的表达形式。

4. 郑重语

郑重语是日语敬语的一种类型，主要表示谨慎、认真的含义。

5. 美化语

郑重语的一种新类型是美化语，主要是美化事物的一种语言叙述方式。

三、日语叹词分类

日语中有着丰富的叹词，日语的叹词主要表示三种含义：感叹、呼唤与应答。下面逐一介绍这三种类型的叹词。

（一）表示感叹的叹词

表示感叹含义的叹词是日语叹词的一种类型。下面主要从以下例句中体会感叹叹词的用法。

（1）あ、危ない。/啊，危险！

（2）まあ、きれい。/啊，真漂亮。

（3）ええ、そんなことがあったのですか？/啊，有这样的事？

（4）あら、本当かしら。/哎呀，真的吗。

（5）仕事が多くて大変でしょう。/工作很多很辛苦吧。

（6）ははあ、分かった。/哦，我明白了。

（7）はてさて困った。/哎呀，可真难办。

（8）へえ、その話は本当ですか？/啊，这话是真的吗？

（二）表示呼唤的叹词

日语叹词中有一种类型是表示呼唤含义的，这类叹词是呼唤叹词。呼唤叹词是一种旨在引起对方注意的表达形式，呼唤叹词的使用往往与场合有关系，场合不同，呼唤叹词不同。下面主要从以下例句中体会呼唤叹词的用法。

（1）これこんなに立派になった。/呃，变得这么出色了。

（2）ね、そうでしょう。/哎，是那样的吧。

（3）やあ、お待たせしました。/呃，让您久等了。

（4）やいやい、何をしているんだ。/喂喂，干什么呢！

（5）さあ、どうぞお入りください。/来来，快请进。

（6）な、そう思うだろう。/喂，你也这么想吧。

(三)表示应答的叹词

日语叹词中还有一种类型是表示应答含义的,这类叹词是应答叹词。下面主要从以下例句中体会应答叹词的用法。

(1)はい、それはわたしのではありません。/对,那不是我的。
(2)ええ、おかげさまで。/嗯,托您的福。
(3)おお、あたりまえだ。/嗯,当然了。
(4)いいえ、行きませんでした。/不,没去。
(5)いや、ぼくのじゃない。/不,不是我的。
(6)いやいや、どういたしまして。/不不,不用谢。
(7)えっ、そう？ /啊,是吗?

第二节 日语的语言单位及特点

一、日语的语言单位

语言是复杂的,而对于复杂的事物进行研究考察的时候,首先要对其进行分析。人类使用的语言是可分析的,这一点也是从根本上有别于一般动物的信号声音的重要标志之一。每一个人讲的每一句话(语法上称之为"句子「文」"),都可以被分析成具有一定意义的更小的单位。这种描述日语的单位叫作"句子成分「文の成分」"(按照汉语语言学的习惯,也可以称之为"词组"或"短语")。例如,きれいな桜の花が咲いた。就可以将其分析为"きれいな""桜の""花が""咲いた"这样四个句子成分。

分析出来的句子成分还可以继续细分为"词「語」",或者称之为"单词「単詞」"。比如"の""花""が"分别还可以分析为"桜"和"の"、"が"和"花"、"咲い「咲く」"和"た"。"きれいな「きれいだ」"是一个单词,但它也构成了一个句子成分,说明日语中有些单词可以独立构成句子成分。也就是说,句子成分("词组"或"短语")并不一定要两个以上单词组成。

单词还可以继续细分。比如,"桜"可以细分为"サ""ク""ラ"三个音节,"花"可以细分为"ハ""ナ"两个音节。也就是说,单词是由"音节「音節」"

组成的。有由几个音节构成的单词，也有由一个音节构成的单词。如助词"が"和助动词"た"就分别由"ガ"和"タ"一个音节构成。

音节还可以细分为更小的单位，那便是"音素「単音」"。例如，音节"ガ""タ"就分别由"g"和"a"、"t"和"a"组成。而"きれいな""咲いた"里的"イ"音节，则由"i"一个音素构成。

这样分析的结果是：

句子「文」—句子成分「文の成分」（"词组"或"短语"）—单词「単語」—音节「音節」—音素「単音」。

反过来看，音素是语言分析中得出的最小单位。一个或两个以上音素构成音节。日语的音节最多不超过三个音素，如"シャ"由"s""h""a"三个音素组成。日语的音节又称"拍「拍」"。音素和音节在语言中只具有形态，而不含有意义。在语言研究中，将这种只具形态的音素和音节作为研究对象的学问叫"音韵学「音韻論」"。

单词则不同于音素和音节。它不仅有形态，而且具备意义。作为单词的"が""た"与作为音节的"か""た"的不同点就在于，前者是具有语法意义的助词和助动词，而后者则是没有意义的语音。单词又有"单纯词「単純語」"和"复合词「複合語」"之分。例如，"桜「さくら」"和"花「はな」"是简单词，"雨傘「あめがさ」"就是一个复合词了。复合词是由一个个更小的具有意义的语言单位构成的。如"雨傘「あめがさ」"就是由"雨「あめ」"和"傘「かさ」"这样两部分组成的。我们把这种构成复合词的、具有意义的单位叫作"语素或词素「形態素」"。其实，单纯词也是由语素构成的。所以，可以说语素是具有意义的最小的语言单位。也有人认为单词是具有意义的最小的语言单位，但是如果包括复合词等一起考虑，或许还是以语素为具有意义的最小的语言单位为妥。而且更重要的是，日语中有许多单词不仅具有概念上的意义，并且具有构成句子成分的语法功能。因此，区分单词和语素的概念就显得十分重要。将语素和单词的概念意义作为研究对象的学问叫"词汇学「語彙論」"或"语义学「意味論」"。

由一个单词或两个以上单词构成的句子成分是具有语法功能的语言单位。句子成分是构成句子的基本成分。将最终形成句子的、带有语法功能的句子成分以及这些句子成分在形成句子时的结构作为研究对象的学问叫"语法学「文法論」·

句法学「構文論・シンタクス」。句法的研究对象除"单句「単文」"以外也包括"复句「複文」"。

这样看来，日语语言单位从小到大还可以这样排列：

音素-音节（属于音韵学范畴）— 语素-单词（属于词汇学・语义学范畴）— 单词-句子成分（"词组"或"短语"）— 句子（属于语法学・句法学范畴）。

当然，语言单位还有比句子更大的单位，那就是语篇或文章。语篇是句子的组合。有时一个句子也可以构成一篇文章（如日本的俳句、短歌等文学形式）。将语篇或文章作为研究对象的学问叫"文章学「文章論」"。

人们平时接触到的自然语言，都是由音素组成音节，又由音节组成语素，由语素组成单词，再由单词组成句子成分，最后这些句子成分按照一定的句子结构组成句子。从最开始不含有意义的音素，到最后完成句子，每一种语言都有自身的规律，日语也不例外。但任何一种语言在完成这一过程时，都是有时间先后顺序的，因而语言还具有一个非常重要的性质，这就是语言的"线性性质「線条性」"。这一点不同于图像和绘画。图像和绘画在向人们传递信息时，是具有空间性和共时性的。

二、日语的特点

日语不仅在语言单位上形成特定的层级体系，而且有其自身的组合规律。日语作为世界众多语言中的一个种类，有着丰富的语言特色，日语的特点可以从语法构成、语序构成、语态构成三个层面来认识。

（一）语法构成特点

语言是世界各族人民共有的，人们对语言的分类角度也是多种多样的，从语法结构角度对语言分类时，可以得到孤立语、黏着语、屈折语、多式综合语四种不同的语言类型。其中黏着语是世界语言中的一种典型类型，在世界语言范围内占有重要地位。日语就是黏着语中的典型代表。

语法的构成有多种形式，黏着语的语法构成特点是实词词根需要依靠虚词词缀来实现语法功能，在实词词根的前面、中间、后面必须有一定的虚词词缀，实词的语法意义只有通过加在词根处的词缀才能实现，如果没有虚词词缀，实词就没有任何语法意义，在句子中没有地位和作用，所以，黏着语也被称为胶着语；常见的虚词有助词、介词、助动词等，根据虚词在实词处的位置不同，词缀通常有前缀、中缀、后缀三种形式。

另外，需要注意的是，在一句完整的话中，主语和谓语是必不可少的句子成分。比如，「私は学生です」（我是学生）这句话由主题部分、提示助词、谓语部分组成，「は」是提示助词，在句子中起着非常重要的作用，是判定句主题部分和谓语部分的关键词。一般情况下，日语中的名词、数词、代词等体言独立词是没有充当句子成分的语法意义的，必须要借助体言独立词后面的助词或其他虚词来实现其句法意义和在句子中的地位。总之，在日语中，虚词始终起着重要作用。

（二）语序构成特点

黏着语是日语的语法类型，日语不仅有语法构成上的明显特点，而且在语序上有着不同于其他世界语言的明显特点。日语语序的特点可以从日语动词的角度来认识。在日语动词的语态分类方式中，有三种不同的分类标准，按照能否接宾语这一标准，日语动词可以分为他动词和自动词。

一般情况下，自动词后面不可以接宾语，这种语法功能和英语中的不及物动词相类似；自动词组成句子时，句子的语序形式是主题+谓语，这在英语和日语中的语序是一样的。但是，日语中的他动词则明显地体现出日语语序的独特构成特点。相对于自动词来说，他动词后面是可以直接接宾语的，这和英语中的及物动词相对应；他动词在组成句子时，句子语序和英语甚至汉语的句子语序是不一样的，在日语句子中，主语在最前面，紧接着的是宾语，然后是谓语，宾语在谓语前面，并且是不允许改变的，这是日语语序的最大特点。

需要注意的是，日语句子语序是比较灵活的，日语并没有固定不变的语序位置。比如，日语中的连用修饰词语的语序就比较灵活，这类词可以在动词的前面，也可以在宾语的前面，带有连用修饰词语的句子可以有多种说法，这也是日语句型转换的重要基础。总之，日语语序有非常固定的主语+宾语+谓语的语序，但是也不缺乏灵活多变的语序特点。准确使用日语动词是掌握日语语序特点的重要基础。

（三）语态构成特点

日语是一种黏着语，这决定了日语的语态有其自身独特的特点。日语的语法构成是实词词根＋虚词词缀，虚词词缀决定了实词词根的语法意义和语法功能，虚词词缀的变化是日语语态变化的唯一表现形式。这是日语语态构成的典型特点。

另外，"日语的语态在通过改变动词、形容词和部分助动词的词尾之后，也不能突出显现人称与单复数形式的变化，这一点是与英语不同的地方。"[①] 这里以现代日语中的动词为例，在动词写成「飲む」这种形式的情况下，就可以用英语中的"to drink"来表示。「飲む」这个词，表示了多层意思。例如，可以表示英语中"喝"的动词原形——"drink"，可以表示"喝"的第三人称单数——"drinks"，还可以表示将要喝的状态——"will drinks"。从上述日语动词变化的例子中可以看出，日语的形态不同于英语，日语中语态与日语的动词有直接的关系，只有在准确把握日语动词变化形式的基础上，才能正确理解日语的语态，进而准确地运用。

（四）日语语言文化特点

1. 吸收性

日语语言文化的发展和繁荣，是日本积极吸收外来文化的结果。自古以来，语言的发展离不开文化的积淀，世界各国在语言上存在着很大的差异，要想对语言有一个透彻的理解，必须将语言放在一定的历史背景和文化语境中去理解。同时，还要吸收国外的文化精华，并形成本国语言独特的特点。日本在吸收别国语言文化方面是非常成功的。日本原本没有自己的语言和文字，从 1000 多年前开始，日本开始吸收中国的文化、学习中国的文字，并在此基础上将中国文字日化，久而久之，中国的汉字在日本的语言中占有重要的地位。最为明显的是，在日本的期刊、杂志和各种书籍著作中，使用的汉字都已经超过 5000 个，甚至有的学术著作使用汉字的数量已经达到 10000 个。在明治维新以后，日本在吸收中国汉字与文化的基础上，开始吸收欧美语言，与此同时，大量的外来语开始传入日本。不仅如此，日本还积极吸收和借鉴世界各国的先进优秀文化，并将这些优秀的文化改革和创新，变成自己本国的文化，日本文化就是在这种先进文化中不断发展壮大的。

---

① 杨晶. 日语特点分析 [J]. 外语教学与研究，2011（64）：3-4.

2. 创造性

创造性是世界各国语言文化发展的关键。日本在吸收世界各国先进文化的基础上，发展文化创造性的特点，不断对其进行创新。一直以来，日本都喜欢把世界各国的不同事物与本国的事物进行对比，找出共性和差异，并将其融合在一起，创造出属于本国独特的事物。这些良好的习惯，决定了日本在吸收外来语时不是直接吸收或生搬，而是在此基础上对吸收的外来语有所创造。如前所述，在早期，日本的文字主要是来自中国的汉字。日本在吸收中国汉字的同时，意识到汉字的重要作用，因此，在日语中大量引入汉字。随着日本文化的发展以及对语言研究的深入，日本开始对汉字进行相应的"改造"，并对汉字的意思进行一定的延伸。例如，日本"片假名"是在汉字楷书偏旁部首基础上创造而出的；"平假名"是根据汉字草书笔画创造的；日语中的"略字"来源于汉字中简繁的启示。

3. 年龄差别性

随着科技和文化的发展与进步，不同年龄段的人对语言文化的追求有所不同，语言文化也因此呈现出显著的年龄差别性。日本的年轻人受国外文化崇拜思潮的影响，在日常的语言表达中，经常使用外来语；而年龄稍大一点的日本人，比较喜欢传统文化，习惯了汉字的学习。另外，日本的年轻人在频繁使用外来语的同时，对其进行改造，利用日语假名拼出英语单词，甚至把自己知道的日语全部用英语替代，并在日常会话中说出来，这对于不会英文的老年人来说无疑是陌生的。并且，日语与英语存在着很大的差异，日语中的假名并不完全与英语中的音节相对应，从而导致日语中的一些词语找不到正确的英语音节代替，进而形成英国人都难以听懂和理解的日式语音。

第三节 日语的句子成分

每一种语言都是由词语和句子构成的，词语是句子的基础，句子是词语的延伸。要想表达一个完整的意思，必须通过一个个句子来实现。那么，什么是句子呢？句子主要由词语组成，要想对句子有一个清晰、透彻的理解，必须要分析句子的构造。对句子构造的分析，从本质上来讲就是分析句子里词语与词语之间的关系，并且明确这些词语在句子中所做的成分。日语中构成句子的词大致分为独立词和附属词两类。所谓独立词，顾名思义就是直接构成句子的成分。附属词就是不能在句子中担任句子成分，只是起到连接词语或增加句子某一意义的作用。附属词必须依附独立词而存在。虽然独立词可以单独构成句子的成分，但是通常情况下，句子成分并不是由独立词单独构成。因此，在分析日语句子成分时，不应该以单词为单位，而应该以文节为单位。对于日语句子中的成分，具体归纳如下。

一、主语

主语是句子的基本成分，常由名词或名词性成分担任，其格助词为「が」。举例如下：

雨が降り出した。

有些语法书将带有「は」的也认为是主语。例如，雪は白い。

此外，对「が」也要做不同的区分，如下面的例子并不是一般的主语，而是一种对象语。

私は、数学が好きだ。

一个简单的句子是由主语和谓语组成的，因此，主语是一个句子中不可缺少的成分，也是谓语陈述的对象。主语有其自身的构成形式，一般有体言或体言性词组＋が「は、も」。「は」和「も」在提示主语时，存在着一定的区别。对于「は」和「も」的区别，具体区分如下。

（一）用于叙述知识性内容时

当主语是已知事物且一般是总体事物时，需要用「は」。例如，「空は青い」（天空是蓝色的），表示的是对主语的一般性解释与说明。如果主语是未知的事物，则需要用「が」来表示主语。例如，「空が青い」，这个例句主要是用「が」来强调"空"是蓝色的，并不是"海"。

（二）在描写具体情景的情况

第一，当描述眼前的事物时，不添加任何的思维和个人的主观意识，只是直观地表示这一事物，应该用「が」，这个就是我们所说的主语，而谓语整体上是一个新的信息，并没有借助已有认识进行分割。例如，「山が高い」（山高）。

第二，将两种事物做对比时，通常情况要用「は」。在日语说话方式中，"主

语省略"比较常见，尤其在一句话中，再次出现时就可以将主语省略。例如，「その本はありますか」「は，あります」第一句中已经提到「その本」了，因此在第二句中提到时就可以将其省略。

二、谓语

主语和谓语是一个句子不可缺少的成分。主语是谓语实施的对象，谓语是对主语的动作、状态和性质的说明。如果一个句子没有谓语，那么这个句子就是病句，谓语作为一个句子最核心的成分，一般位于句子的末尾[①]。谓语的构成有多种形式，日语句子的谓语构成形式具体如下。

第一，体言或者是体言性词组+断定助动词「です」「だ」「である」，抑或某些助动词。举个例子来说，「あの子供は中国人です」（那个孩子是中国人）。

第二，形容词或形容动词+助动词或补助动词。举个例子来说，「暑くてたまらない」（热得受不了）。其中「たまらない」为「暑い」的补助成分。

第三，动词或动词+助动词，动词+补助成分作谓语。例如，「私はその小説を読みました」（我读了那部小说），谓语「読みました」主要是动词+助动词构成。又如，「いまテレビを見ている」（现在，正在看电视），谓语「見ている」由"动词+补助成分"构成。

三、修饰语

修辞语在句子中主要起到补充说明的作用，相当于一棵树的枝叶，是对主语和谓语的详细补充和说明。修辞语主要分为连体修辞语和连用修辞语。连体修辞语和连用修辞语的作用不同。连体修辞语的作用是说明体言的性质、动作和状态等；连用修辞语主要是用来说明用言的性质、状态和程度，以及表示方向、目标和补充不完全动词所要表达的意义。

（一）连体修饰语

连体修辞语是修辞语的重要组成类型，一般情况下，也可以称之为定语。定语主要是用来修辞体言或者体言性词组。对于每种语言来说，定语都是放在所修

---

① 黄丽·浅析日语句子成分划分方法[J].中国科教创新导刊，2010（7）：3-5.

辞词的前面，起到修辞限定词的作用，日语也不例外。下面对日语定语的构成方式具体介绍如下。

（1）体言或体言性词组+连体修饰词「の」。

（2）指示性连体词做定语。

（3）用言或用言性词组的连体形。

（4）体言+补格助词「の」。

（5）副词或副助词+「の」。

（二）连用修饰语

汉语中对句子的修辞成分划分得比较细致，而日语中的划分就比较模糊。日语中的连用修辞语，相当于汉语句子成分中的补语。所以，可以将日语中起补充说明的句子成分称为补语。补语主要起到补充说明的作用，具体是补充谓语动词、形容词、形容词词组以及形容动词所要表达的意思，或者是谓语的状态、性质、动作等。补语一般主要由体言或体言性词组+补格助词等构成。另外，补语中可以进行后续补格助词「と」「で」「から」「より」等。

四、独立成分

句子的成分还包括独立成分。独立成分作为句子的特殊成分，顾名思义，就是独立于句子结构之外的成分。学者冯志纯曾经在《现代汉语》中对独立成分进行解释、说明，大致意思归纳如下："独立成分就是独立于句子结构之外的成分，与句子中的主语、谓语、宾语、补语、状语、定语不存在任何的结构关系，主要作用是加强句子的语势或者是增加句子的感情色彩。独立成分，单从句子的结构上看，属于可有可无的成分；但如果从句子的表达意义上来说，能够增加句子的语言表达效果，丰富句子的内容，是不可缺少的成分。"[1] 独立成分在句子中的具体位置不受限制，可以放在句首、句中或句尾。日语中对独立成分的定义具体如下：「最も一般的な定義としては、主語、述語、修飾語などのいずれにも属さず、ほかの成分との結合のしかたが穏やかで、比較的独立な成分のことを言う。すなわち、文の成分の結合関係のうち、修飾、被修飾の関係、対等並立の関係、

---

[1] 李洋. 日语句子中的独立成分[J]. 林区教学, 2016（4）：1-4.

条件、帰納、題目、解説、主従関係のいずれにも 属さず、後続部分からいったん切れて、一応完結し独立していると考えられる。」日语中独立成分很多,具体包括对象语、提示语、同位语。

五、其他成分

（1）陈述语,即连用修饰语中与谓语呼应的陈述副词等,表示发话人的语气。举例如下。

　　寒くて、まるで冬のようだ。

（2）侧面语,也即高桥太郎等人所谓的"小主语"。举例如下。

　　この子は頭がいい。

第二章　日语的语言文字研究

日语语言深受汉语语言与文字的影响和制约，因此无论从书写上、构成上、发音上，都呈现了汉语文字的缩影。但是，日语语言文字经历了汉文化的洗礼之后，其形成了一套独特的系统。本章内容为日语的语言文字研究，主要阐述了日语的词汇与语义、日语的语法以及日语的文字标识。

第一节　日语的词汇与语义

一、日语的词汇

词是语言中可以独立使用的最小单位，日语称之为「語」或「単語」。词汇就是词总和，日语称之为「語彙」。下面对日语词汇进行研究。

（一）词汇的分类

日语词汇数量众多，可以分为基本词汇与基础词汇，也可以分为理解词汇与表达词汇。下面对这两大类予以分析。

1.基本词汇与基础词汇

基础词汇是日常使用频率最高的词。这类词不分领域，是语言的核心部分，通常比较稳定，如「母」「人」「花」「鼻」「女」「家」「涙」「交通」「一生懸命」等。

基本词汇是某一领域中使用率最高的一些词汇。例如，日本报纸中的基本词汇有「政府」「首相」「総理」「予算」等；日本教育领域中的基本词汇有「技能」「教授法」「習得」等。

2.理解词汇与表达词汇

理解词汇是指一个人能够识别并理解词义，但不一定会用的词汇。

表达词汇则是指能够用于自己语言表达的词汇。显然，一个人的理解词汇量总是多于表达词汇量。

（二）词汇的系统

相对于语音、语法，词汇体系较为松散、开放。不过，日语中的亲属称谓、象声词相对封闭，而近义词与反义词、同形词与同音词特点显著，下面对日语词汇系统中的这几个部分分别进行介绍。

1. 亲属称谓与象声词

第一类是亲属称谓词。这类词往往是以"自己"为中心来称呼具有各种亲缘关系的人，如「姉」「妹」等。不过日语对家庭内部关系的称呼并不多。例如，日语中的「おじ」在汉语中可以细化为叔叔、舅舅、姑父、姨父。

第二类是象声词。日语象声词很发达，通常包括以下两类：一是拟声词，即模仿人、动物、自然界声音的词语，如「ワンワン」「はははは」等；二是拟态词，即模仿人与动物的动作、心理及自然界状态的词语，如「ひらひら」「くよくよ」等。

2. 近义词与反义词

语义相近的词即为近义词，其中语义相差极小的被称作"同义词"。事实上，语义完全相同的词很少，有些词虽然概念含义一样，文体色彩、褒贬内涵等方面却不完全相同。概括来说，近义词之间的语义关系主要有以下几类。

（1）包含关系，即语义宽的一方包含另一方，如「なおす—修理する」。

（2）部分重合，即语义中既有重合也有不同，如「のぼる—あがる」。

（3）相邻关系，即语义虽不重合，但同属一个大范畴，如「机—テーブル」。

另外，反义词是指存在词义对立关系的词，具体可分为以下四类。

（1）绝对反义词：非此即彼，绝对相反，如「生—死」。

（2）相对反义词：词义中间有过渡，反义具有相对性，如「上—下」。

（3）对立反义词：表示互为前提的两个概念，如「医者—患者」。

（4）逆向反义词：表示动作、行为逆向的概念，如「行く—来る」。

3. 同音异义词与同形异音词

（1）同音异义词，即发音相同而词义不同的词，如「橋—嘴—梯」「意義—異議—威儀」等。

（2）同形异音词，即词形相同而发音不同的词，如「上手（じょうず、かみて）」「明日（あした、あす、みょうにち）」等。

二、日语的语义

在语言中，语义是用语音这种语言形式所表现的语言符号的内容，是人脑对客观事物的概括和反映。随着社会的进步和发展，语言体系中变化较大的就是语义，下面就对语义的相关内容及其变化进行分析。

（一）语义单位

义位、义素、义丛、义句是表示意义的四种基本单位。下面对这四个概念分别进行讨论。

1. 义位

义位是最基本的意义单位，与传统词汇学中的义项基本对应。单义词只有一个义位，如「アルミニウム」就指铝；多义词有多个义位，如「うまい」有4个义位，分别为「味がよい、優れている、上手だ、自分にとって都合がいい」。

2. 义素

义素是对义位进行分解以后得到的最小单位，无法以具体的语言形式表现出来，但这并不代表它不存在。事实上，义素是语义的区别性特征，若干个义素综合在一起决定了义位。例如，"男孩"这个义位包括四个义素：「生物」「人」「男性」「未成年」。义位和义素的关系表示如下。

义位 = 义素1+ 义素2+ 义素3+…义素n

3. 义丛

义丛是义位与义位结合而成的，在语言形式上的表现是词组，即义丛就是词组的意义。义丛可分为以下两类。

自由义丛：构成成分相对自由，如「綺麗な人 / 花」。

固定义丛：构成成分相对固定，如「傘をさす」「足を洗う」。

4. 义句

义句是表达较完整意义的语义单位，即句子的意义。受语法、语境等因素的影响，同样的义位和语法结构可以形成不同的义句。例如，义位「バナナ」「果物」

和语法结构「～は～だ」可以形成两个义句。

(1) バナナは果物だ。

(2) 果物はバナナだ。

通过上述内容可知，义句并非义位的简单叠加，若要正确理解语义，就必须对其构成要素进行认真细致地分析。

(二) 语义关系

语义聚合是指既有相同又有不同的语言单位之间的相互关系。概括来说，语义聚合关系主要有以下几种。

1. 多义关系

多义词的多个义位之间总是相互联系又有所区别的，这些义项共同构成了词的语义体系。例如，「まずい」与「お菓子」「文章」「顔」「結果」搭配分别意为"难吃的""拙劣的""难看的""不妙的"。从这些语义中仍可以看出其中的密切联系。

2. 同义关系

语义相同或相近的词语之间的关系就是同义关系，如「値段—価格」「しゃべる—話す」等。之前提到，语义完全相同的词极少，大部分同义词之间总是存在语体、侧重点、搭配等方面的不同，此处不再赘述。

3. 反义关系

反义关系是指具有相同义素前提而语义相反的关系。所谓相同的义素前提，即反义双方必须处于同一范畴之中。例如，「広い」和「狭い」都表示空间。反义关系的三种类型前面已有涉及，此处不再赘述。

4. 上下义关系

上下义关系是指一个词的意义包含在另一个词的意义中的关系。范畴大的词就是上义词，范畴小被包含的词就是下义词。例如，「果物」包含「りんご、バナナ、西瓜、レモン」。

5. 整体与部分关系

整体与部分的关系是指一个词表示的事物是另一个词所表示事物的组成部分，如「顔」包含「額、目、鼻、口、耳」。

第二节　日语的语法

根据不同的语言理论，语法有着不同的界定，因此其涉及的范畴也非常的广泛。从狭义上说，语法指的是组成语言基本单位的句子的规则；从广义上说，语法还包含了词汇、句子、语篇等系统。本节所讲的日语语法是狭义角度上的语法。日语语言既包含词类划分、句子成分，又包含格、态、体、时、语。本节将对这些层面予以详细的分析。

一、词类用法

出于语法分析的需要，人们根据形态、语义、语法功能的不同，将词类划分为名词、形容词、动词、副词、助词、形容词、连续词以及其他词类。下面逐一进行说明。

（一）名词

名词是用来指称事物的词，没有词尾变化，语法功能是借助后续助词在句中作主语或宾语等。根据词汇意义的不同，可以将日语名词分为以下几类。

（1）一般名词，可用于指称和陈述，如「先生、会社」等。

（2）专有名词，主要用于指称，如「東京、アメリカ」等。

（3）形式名词，如「こと、もの、ところ」等没有实质意义的词。

（4）代词，包括人称代词和指示代词，如「わたし、こちら」等。

（5）数量词，如「一本、一冊」等。

（二）动词

动词是表示存在、变化、动作等的词。日语动词根据不同的标准有不同的分类。下面是几种常见的分类方法。

（1）根据词尾变化类型可分为四类：五段活用动词（如「売る、打つ」），一段活用动词（如「帰る、起きる」），「カ」变动词（只有一个，即「くる」），「サ」变动词（也只有一个，即「する」）。

（2）根据语法功能特点可分为两类：自动词（如「受かる、流れる」）和他动词（如「受ける、流す」）。

（3）从语义角度可以分为两类：意志动词（如「書く、入る」）和非意志动词（如「咲く、降る」）。

（三）副词

日语中，副词主要用于修饰动词、形容词以及其他副词，表示动作、状况的情况或说话人的语气。日语副词分为以下几类。

（1）情态副词，表示动作状况，如「思わず、わざと」等。

（2）程度副词，表示动作、状态的程度，如「すべて、とても」等。

（3）陈述副词，表示发话人的语气和态度，如「必ず、決して」等。

另外，还有少数几个副词可以修饰名词，如「やがて、まもなく、かつて」等。

（四）助词

助词不能单独使用，而需要接在名词、动词、形容词后面，表示一些语法关系。日语的助词主要有以下几种。

（1）格助词，表示名词在句中的语法关系，包括「が、を、の、に、と、で、へ、から、まで、より」。此外，在语法功能上，由于「について、にとって」等与格助词比较接近，因此也可被作为格助词处理。

（2）并列助词，如「や、と、とか、か、やら、だの」等。

（3）接续助词，指「ば、ても、のに、けれども」等接在动词及形容词后面，表示假定、并列、因果、转折等各种关系的助词。

（4）语气助词，如「か、よ、ぞ」等。

（5）提示助词，与格助词连用或替代格助词表示句子成分间的语法关系，如「は、も、でも、はかり、だけ、か」等。

（五）形容词

形容词是用来表示性质、状态、感觉的词，其语法功能是作谓语或作修饰语修饰名词、动词、其他形容词等。根据词尾形态，日语形容词可分为以下两类。

（1）形容词，以「い」结尾，如「辛い、広い、おいしい」等。

（2）形容动词，如「にぎたか、暇」等。

（六）接续词

接续词通常用于连接词、句子、段落，表示并列、条件、添加、转折等关系，如「及び、だから、ただし」等。除此以外，还有一些与接续词功能接近的词也被当作接续词，如「とはいっても、にもかかわらず」等。

（七）其他词类

（1）连体词，用于修饰名词，如「いわゆる、たいした」等。

（2）助动词，依附在动词后面表示一定的语法关系，如「られる、させる、ない、だろう」等。

（3）感叹词，表示发话人的心情，如「あら、おや」等。

二、格、态、体、时、语

格、态、体、时、语是语法的重要范畴。一般认为，日语中不存在性与数。下面对这五个层面予以详细地分析。

（一）格

日语中的格（「格」）通常是名词与其他词（尤其是动词）结合而成的各种语义、语法关系类型，并以"名词+格助词"的形式呈现。日语中的格主要有以下10种。

（1）主格：~が。

（2）宾格：~を。

（3）与格：~に。

（4）工具格：~で。

（5）位格、场所格：~で、~に。

（6）向格、方向格：~へ、~に。

（7）夺格：~から。

（8）共格：~と。

（9）领格：~の。

（10）比较格：~より。

（二）态

所谓态（「態」），是指与动作相关的施事、受事在句中的语法地位发生了改变，以及发话人对事物进行表述时视角的变化等。态的表达方式主要有三种：主动态与被动态、使役态、授受关系。下面对其逐一论述说明。

1. 主动态和被动态

动作、行为的施事处于主格位置时是主动态，受事、其他非施事成分作主格时则是被动态。[①] 被动态会引起动词词尾的变化，即变成「れる（られる）」。举例而言：

裕太が周助の足を踏んだ。（主动态）

周助が裕太に足を踏まれた。（被动态）

2. 使役态

第三者参与某种行为并位于主格位置时就构成了使役态，此时动词需要变成「せる（させる）」形。

从语义的关系上来说，使役句主要分为直接使役和心理使役两种。其中前者表示该句子的主语是直接造成使役行为的人或者原因；后者主要是指对一些未能避免的事件或者行为产生心理上的内疚感。举例如下。

太郎が息子にピアノを習わせた。（直接使役态）

太郎が交通事故で娘を死なせた。（心理使役态）

另外，根据施事的意愿，可以将直接使役态分为两种：放任使役与强制使役。举例如下。

太郎が娘に映画を見に行かせた。（放任使役态）

3. 授受关系

日语中的授受关系「あげる」「もらう」「くれる」使用得十分频繁，体现着不同的立场和较强的语义色彩。举例如下。

私は小野さんにお土産をあげます。（站在"我"的立场）

花子が太郎に辞書をもらった。（站在花子的立场）

太郎が花子に地図をくれた。（站在花子的立场）

---

① 尹航. 汉日语言差异下的日语语言学研究 [M]. 北京：九州出版社，2018.

（三）体

体（「相」）主要是表示某一变化、某一动作在发话人所设置的时间轴上所开始、所持续、所完成的某一阶段，即是从时间的层面来描写和把握该变化或者该动作。日语中的"体"主要涉及完成体与持续体两部分。

1. 完成体

「する」和「した」是完成体的基本形态，通常不涉及动作、变化的中间过程。一般情况下，完成体是以发话人设定的时间为基准，只表示将来完成，只在特定语境下才表示动作完成。举例如下。

明日、新聞を読む。

朝、新聞を読んだ後に散歩に出かける。

2. 持续体

「ている、ていた」是持续体的基本形态，有以下几种含义。

（1）动作持续（用动词持续体表示）。例如，雨が降っている。

（2）变化结果持续（用变化动词持续体表示）。例如，二人は結婚している。

（3）动作的经常性或者反复性的持续。例如，毎日歯を磨いている。

（4）以往的行为作为一种经历或者记录留存至今。例如，母は私が子供の頃にもう死んでいる。

（四）时

日语中的"时"是以某一说话时点作为标准，对某一行为或者某一状态在过去、现在或将来的一种时间上的把握。"时"一般分为过去时与非过去时两种。

1. 过去时

过去时即表示过去发生的事情、状态，用「た」表示，但有些词语虽然是「た」形却并非过去时，而表示某种心理状态或特殊语气。举例如下。

おとといは木曜日でした。（表示过去）

幸村さんはもう家に帰りました。（表示过去）

よかったね。（表示心理状态）

ああ、ここにあった。（表示发现）

2. 非过去时

非过去时包括现在时和将来时，在表示将来时句尾常用「だろう」表推测。另外，客观存在的规律、真理等也用非过去时。举例如下。

今日は日曜日だ。

出発は来週の十曜日だろう。

北京は中国の首都です。

(五) 语

日语中的"语"就是"语气"，是相对于"命题"而言的一个语法范畴。一般来说，任何句子都包含两个部分，即语气与命题。其中命题主要是陈述的客观事物，是对事实的反映；而语气是发话人对陈述事物的态度、立场的反映。一般语气分为以下两种形式，如图 2-2-1 所示。

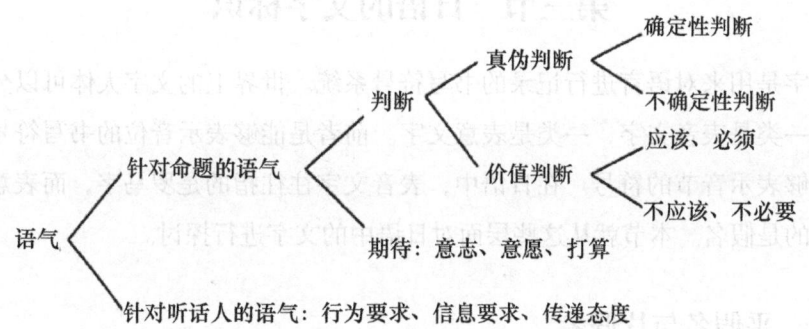

图 2-2-1　日语的语气类型

1. 针对命题的语气

针对命题的语气分为判断语气与期待语气两种。

（1）判断语气，主要包括以下两种。

第一是真伪判断，包括确定性判断和不确定性判断。前者常用语言的终止形，如「今日は寒い」；后者则有多种句尾形式，如「だろう、かもしれない、らしい」等。

第二是价值判断，涉及事态选择形式，包括是否应该、是否必要等，如「べきだ、なくてはいけない、ほうがいい」等。若语气转向受话人，则表示要求、建议、许可、禁止等，如「てはいけない、わけにはいかない」等。

（2）期待系列语气，包括意愿、期待、打算等，常用动词原形或「（よ）う、つもりだ、たらいい」表示。

2. 针对听话人的语气

针对听话人的语气有行为要求、信息要求及传递态度三种。

行为要求包括命令、请求、建议、禁止等，采用动词词尾变化、助动词、终助词等形式表现，如「なさい、てください、たらどうですか」等。

信息要求即向受话人提出疑问、征求意见以获取信息，常出现于疑问句和确认信息的句子中，如「か（な）、のか、（よ）ね、じやないの」等。

传递态度即发话人表达出惊讶、感叹、强调等语气，常用「なあ、わ、ぞ」等表示。

第三节　日语的文字标识

文字是用来对语言进行记录的书写符号系统。世界上的文字大体可以分为两大类，一类是表音文字，一类是表意文字。前者是能够表示音位的书写符号，后者是能够表示音节的符号。在日语中，表音文字往往指的是罗马字，而表意文字往往指的是假名。本节就从这些层面对日语中的文字进行探讨。

一、平假名与片假名

假名原本是借来文字的意思，因为汉字在日语发展历史上曾被称为真名。日语中有平假名和片假名，这两种假名都属于音节文字。下面对这两种假名分别进行介绍。

（一）平假名

日本最初是用中国汉字书写本国语言的，逐渐产生了汉字音化的用法。借助汉字的音、训读法书写古日语的万叶假名就是最初汉字音化用法的表现。后来的日本人将万叶假名草写，经过漫长的演变，到了平安时代形成了今天的平假名。

（二）片假名

片假名是一种辅助性文字，它是古代日本人进行汉文训读时，利用汉字楷书偏旁部首所做的标记，因此"片"就代表着不完整。一般来说，片假名常用于表音，外来词和某些特殊的词语常用片假名书写。

二、罗马字

罗马字（「ローマ字」）虽然16世纪就已传入日本，但在现代日语中的使用已经不太多了。现代日语中的罗马字标记主要遵循三种规则。

（一）黑本式（「ヘボン式」）

这种规则因以美国传教士黑本于1886年编写的《和英語林集成》的罗马字拼写方法为基础而得名，具有很强的表音性。明治时代以后，在拼写人名、地名以及国际交往中往往使用这一标记方式。

（二）日本式（「日本式」）

这种规则由田中馆爱橘提出，是以50音图为基础形成的标记方法，特点是注重每行假名辅音字母拼写的统一，因此方便记忆。

（三）训令式（「訓令式」）

这种规则因日本政府以内阁训令的方式颁布而得名，是前两种拼写方式的折中产物。在具体拼写上，除千的拼写在黑本式、日本式、训令式三者存在明显的差异外，其余的基本都是日本式与训令式相同，而黑本式与二者存在一定差异。

三、日语中的汉字

日语汉字来源于汉语汉字，经过漫长的演变后在性质和功能上都发生了很大的改变，成了标记日语的一种较为成熟的文字。这是研究日语汉字的前提认知。

（一）日语汉字的数量与读音

现代日语中常用的汉字大概有2136字/4388音训，其中包含2352个音读与2036个训读。

日语汉字主要有两种读音方式，即音读和训读。

（1）音读。音读是模仿中国古代汉字的发音，如「開花」中的「花（か）」。

（2）训读。训读则是根据汉字的意思按照日语固有的读法发音，如「花が咲く」中的「花（はな）」。

日语中也有部分汉字只有音读或只有训读，如「員、娘、极い」等。大部分日语汉字都采用音读法，也有将音训结合起来的混读词，如「重箱読み」等，这是汉字融入日语词汇系统的结果。

（二）日语汉字的特殊性

日语汉字具有明显的特殊性，这主要体现在字音、字形、字义以及字的用法这几个层面。下面逐一进行论述。

1. 字音的特殊

中国的汉字传入日本以后在语音上逐渐发生了变化，首先是语音的简化，很多原本不同音的字后来变得发音相同。再加上有些汉字传入日本时本身就带有方言口音，因而导致今天的日语汉字发音十分复杂。概括来说，日语汉字发音主要可以分为以下四种类型。

（1）吴音（「呉音」）。吴音是最早传入日本的，源于中国长江中下游地区，如「建立」「供養」等。

（2）汉音（「漢音」）。汉音是在隋唐时期传入日本的，源于中国北方长安一带，如「成功」「名誉」等。

（3）唐音（「唐音」）。唐音是在宋朝以后传入日本的，源于中国南方地区，如「椅子」「蒲団」等。

（4）惯用音（「用音」）。惯用音本为错误发音，但因长期误用而逐渐固定下来，如「貨物」的「物（もつ）」等。

2. 字形的特殊

汉字历经漫长的发展，在中日两国均有所简化，但简化的方式却并不一致，因此很多汉字在日语中的书写和在汉语中的书写出现了或多或少的不同之处。有的汉字在日语中书写较为复杂，而在汉语中书写较为简单，如「傘」和伞，「厳」和严等；有的正好相反，如「桜」和樱，「図」和图等；还有的基本相同，只有一点细微的不同，如「歩」和步，「骨」和骨等。

3. 字义的特殊

如前所述，日语汉字的读音有音、训两种读法。日语中的同字异训和异字同

训现象很多，如「生」的音读有「せい・しょう」两个，但训读则有「いかす、うまれる、おう、なま」等若干个。

另外，汉字字义多保留中国汉字的古义。这一点在字训中表现得尤为突出，如"走"在古汉语中意为"跑"，日语「走る」则保留了这一含义。

还有一点值得注意的是，部分音读汉字词由于字义的变化或构词方面的因素而发生词义变化，如"快"最初在日语中的训读主要是「こころよい」，因此"快走"是心情愉快地跑，但后来"快"字有了「はやい」的意思，于是"心情愉快"这一成分就慢慢被弱化了。

4. 字的用法上的特殊

之前已经提到，字的用法主要有音和训两种。但是，日语中还存在一种假借字（「あて字」），其内容非常广泛，下面主要介绍两种。

（1）表音假借字。表音假借字可以借音，也可以借训。万叶假名中的很多音假名与训假名都属于表音假借字。此外，一些地名、人名也都采用这种手法，如「護謨」等。

（2）表词假借字。表词假借字也叫作"熟字训"（「熟字訓」）。这种并不是非常典型的假借字。这是因为，在古代日本时期，这些字都是正训，但是后来由于日语汉字与一字对一词的形式逐渐固定性下来，因此就产生了一种不和谐的感觉。例如，「時雨」「五月雨」等，由于在汉语中无法找到与之相对应的组合，因此日本人就从汉字中选择几个字拼合过来，其实从视觉上说这是对汉字的再创造。

第三章 日语的语音研究

语音，不仅是语言最初、最基本的表达形式，也是语言交流中最为重要的手段之一。本章内容为日语的语音研究，分别对日语的语音概述、日语的节奏以及日语的声调进行了阐述。

第一节 日语的语音概述

一、音位

音位（音素，phoneme）是在时间轴上具有区别词义功能的最小单位。在这个定义中，有3个关键点。

第一，音位是在时间轴上对语言进行分解后的最小单位。这个最小单位是如何界定的呢？如图 3-1-1 所示，是对"我弹琵琶"这句话的分解图。

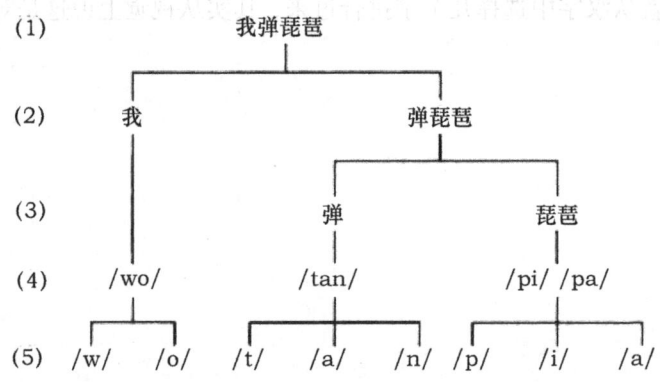

图 3-1-1 语言结构的二层性

句子"我弹琵琶"如果是第（1）层，那么它首先可以分成两个部分，即"我"与"弹琵琶"，这便构成了第（2）层。接着可以把"弹琵琶"分为"弹"和"琵琶"，这便构成了第（3）层。从第（1）层到第（3）层，是从句（句，sentence）到词（語，word），再从词到语素（形態素，morpheme）的分解过程。到了第（3）层，语义无法再进行分解，因而语素是语义的最小单位。从第（1）层到第（3）层，是语言的语法层（語レベルの第 1 次分節）。

不过，"我""弹""琵琶"虽然已经是语法层中语义的最小单位，但是它们还可以分解为音节 /wo//tan//pi//pa/，这又构成了第（4）层。将音节进一步分解，删去重复，可以得到 7 个音位，分别是 /w//o//t//a//n//p/i/。此刻需要注意的是，虽然可以根据发音姿态或区别特征，对音位进一步地描写，但这需要专业的语音学知识，不是一般语言使用者在分解语言时就能得到的单位，而且往往是一组发音姿态或区别特征的集合才构成一个音位的音质，因而我们认为，音位是时间轴上对语音进行分解时的最小单位。第（4）层与第（5）层也就构成了语言的语音层（音レベルの第 2 次分節）。

一门语言需要满足其使用者需要表达的所有语义。这些无限的语义其实都来自在语法规则控制下的数量庞大的词汇；这些数量庞大的词汇，往往对应一定数量的音节种类；而这些音节种类，全部是由十分有限的音位组合排列而来的。换言之，一门语言无论多么复杂，总是在用有限的音位表达无限的意义，这就是语言结构的二层性（言語にビ始うせしの二重性，duality），而音位正是这种结构中最小、最基本的单位。

广义的音位不仅包含我们常说的如 b、p、a、o 这种语音中有关音质的部分，还包含音高、音强、音长等"非音质音位"。狭义的音位，即通常意义上讲的音位，往往只是指音质音位。另外，从语音分解的角度来看，音质音位是语音分解的最终结果、最后的片段，因而音质音位也可被称为"音段音位"（分節素，segmental phoneme）。而音高、音强、音长往往要超过某个单一的音段音位，因此，具有语义功能的音高、音强、音长也被称为"超音段音位"（超分節素，suprasegmental phoneme）。

二、从五十音图看日语语音

日语的假名是日语的表音文字，整理日语假名可以帮助我们快速地探明日语的语音。

五十音图是以元音为段、辅音为行、用假名表示的日语发音图谱。如图3-1-2所示，灰底纹中文字加粗的部分，就是日语的五十音图及其IPA标注。图中加框的假名分别是与其他假名发音重复或现代日语中不再使用的假名与发音。具体地说，や"い段""え段"的发音与假名"あ行"中"い段""え段"的发音重复；"わ行"中"い段""え段"的发音与假名在现代日语中已不再使用；"わ行"中"う段"的发音与假名"あ行"中"う段"的发音与假名重复；"あ行"中"お段"的假名，虽然与"あ行"中"お段"的假名不同，但发音一致。综上所述，现代日语五十音图中只有44种不同的发音。

五十音图	あ段			い段			う段			え段			お段		
	平假名	片假名	发音	平假名	片假名	发音	平假名	片假名	发音	平假名	片假名	发音	平假名	片假名	发音
あ行	あ	ア	a	い	イ	i	う	ウ	u	え	エ	e	お	オ	o
か行	か	カ	ka	き	キ	ki	く	ク	ku	け	ケ	ke	こ	コ	ko
さ行	さ	サ	sa	し	シ	shi	す	ス	su	せ	セ	se	そ	ソ	so
た行	た	タ	ta	ち	チ	chi	つ	ツ	tsu	て	テ	te	と	ト	to
な行	な	ナ	na	に	ニ	ni	ぬ	ヌ	nu	ね	ネ	ne	の	ノ	no
は行	は	ハ	ha	ひ	ヒ	hi	ふ	フ	hu	へ	ヘ	he	ほ	ホ	ho
ま行	ま	マ	ma	み	ミ	mi	む	ム	mu	め	メ	me	も	モ	mo
や行	や	ヤ	ya	い	イ	i	ゆ	ユ	yu	え	エ	e	よ	ヨ	yo
ら行	ら	ラ	ra	り	リ	ri	る	ル	ru	れ	レ	re	ろ	ロ	ro
わ行	わ	ワ	wa	い	イ	i	う	ウ	u	え	エ	e	を	ヲ	o
拨音	ん	ン	n												

图3-1-2　五十音图

　　我们可以将五十音图中各行的辅音发音称为"基本音"，将五十音图中的各行称为"基本音行"。上述在基本音行中存在的缺位，多数是由日语的历时演变造成的，因而可以将这些缺位称为"历时缺位"。

　　五十音图中的假名，是构成日语假名标音系统的根本。在五十音图中，一个假名对应一个音拍。它们就是作为日语假名标音系统中的第一类音。除去五十音图内的第一类音，在日语假名标音系统中还有下面第二至第七类音。

　　第二类音是带有辅助符号的音。其中，"ジ"与"ヂ""ズ"与"ヅ"发音相同，这4个假名被统称为日语"四假名"（四つ仮名）。

　　第三类音是特殊音。日语中有三种特殊音（特殊拍），分别是长音、拨音和促音。

（1）长音：片假名写作"一"，与长音前的元音发音一致，用 [:] 表示。

（2）拨音：片假名写作"ン"。拨音的发音根据后续的语音环境不同而不同。例如，在词中，后续元音、"や行""わ行""を行""は行"时，发鼻母音。具体发音因人而异，变化较多；在词尾，发 [n] 音。例如，"本（ほん）"[hon]。

这种区别是在连续发音中自然产生的发音协调，目前尚无任何研究指出，拨音的发音种类之间的错误会影响日语本族语者对日语学习者日语发音的评价，因而在日常的日语教学中，可以将拨音的种类区别作为知识进行讲授，但尚没有开展拨音种类发音教学的迫切需要。

（3）促音：片假名写作"ッ"。促音的发音根据后续的语音环境不同而发生改变。例如，在词中，后续擦音如 [s，ʃ] 等时，发擦音，IPA 标记与后续辅音发音相同。

第四类音是两个假名结合为一个音，这类音被称为"拗音"。除去特殊音外，一个假名是一个音拍的音是"直音"，包括上述第一类、第二类音。拗音是两个假名为一个音拍。

第五类音是两个假名结合为一个音，并且带有辅助符号的拗音。

第六类音是日语外来语中，已经固定下来的音。

第七类音，不要说非日语本族语者，就是一些年纪较大的日语本族语者，看到它们也偶尔会不知所措，这些常常是令日语学习者们十分头疼的音。

三、日语的元音与辅音音素

如图 3-1-3 所示，是日语的 5 个元音音素 [ɑ、i、u、e、o] 在 IPA 中的分布。可知日语元音有如下特点。

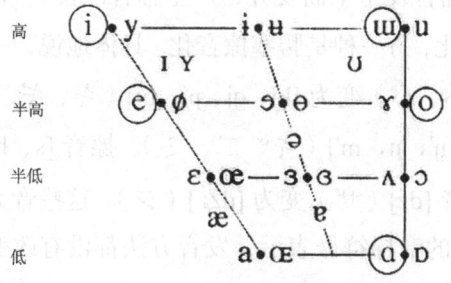

图 3-1-3 日语元音在 IPA（2015）中的分布

首先，日语中仅有 [o] 一个圆唇元音，其余均为非圆唇元音。在日语的非圆唇元音中，[a] 的开口度要小于汉语的 a。并且，日语的舌位居中略靠后。[i] 虽为非圆唇元音，但展唇程度要低于汉语的 i。其次，日语元音发音时，肌肉放松，[a、i、u、e] 不会出现肌肉紧绷向两侧横拉的情况，[o] 不会出现肌肉紧绷向中心收紧的情况。最后，由于日语中不具有半低元音，因此，半高元音 [e、o] 的舌位相对较低，处于高元音与低元音的中间。

日语的辅音，由于 IPA 设立之初以欧洲语言为中心，又考虑了音标与表格的简洁性，故而在 IPA 的发音部位中不包括齿腭音、唇—软腭音；在发音方法中，不包括塞擦音。但是这些音都出现在了日语语音中。日语语音有下列特点。

第一，在塞音上有清浊对立。分别是 [k、g]（カ、ガ）(软腭塞音)，[t、d]（タ、ダ）(齿龈塞音) 和 [p、b]（パ、バ）(双唇塞音)。与汉语不同，日语的清浊对立是全清与全浊的对立，其中的 [g、d、p] 是汉语中已经消失的全浊声母。

第二，擦音与塞擦音时而形成清浊对立。例如，[s]（サ）与 [dz]（ザ）（龈清擦音与龈浊塞擦音）、[s]（シ）与 [d]（ジ）（龈腭清擦音与龈腭浊塞擦音）就是在相同的发音部位上的清擦音与浊塞擦音的对立，不过二者在发音方法上有区别。另外，日语语音中不总是浊塞擦音与清擦音对立，比如，[ts] 与 [dz] 就是在龈腭位置上的塞擦音的清浊对立。

第三，具有三类鼻音 [m、n、ŋ]（マ、ナ、カ°）。汉语中也有这三类鼻音，但是在汉语中仅 [m、n] 可以作声母，[n] 不能作声母；而日语中 [m, n, ŋ] 都可以作音节头辅音。在汉语中，[n、ŋ] 可以作韵母的韵尾，并且有辨义的作用；而日语中，以拨音"ン"结尾的词汇，虽根据后续语音环境的不同，有 [m、n、ŋ、ɲ、n] 等诸多种类的发音，但均不具有辨义功能。

第四，"い段"辅音发生全面变异，产生辅音缺位。"い段"的变异模式主要有两种。一种是腭音化，另一种是腭塞擦音化。具体地说，一方面，日语的塞音 [k、g、p、b]（カ、ガ、パ、バ）变为 [kʲ、gʲ、pʲ、bʲ]（キ、ギ、ピ、ビ），鼻音 [n、m]（カ、ナ、マ）变为 [ŋʲ、ɲ、mʲ]（キ°、ニ、ミ），擦音 [s、h]（サ、ハ）变为 [ɕ、ç]（シ、ヒ），塞擦音 [dz]（ザ）变为 [dʑ]（ジ）。这些音无论是使用辅助记号 [ʲ] 表示，还是使用其他的音标符号表示，发音方法都没有改变，是发音部位向硬腭的偏移，本书将这种变异称为"腭音化"。另一方面，塞音 [t、d]（タ、ダ）在"い

段"，既发生了腭音化。又变异成了塞擦音 [tc, dz]（チ、ヂ）。也就是说，塞音 [t、d] 在"い段"，发音部位与发音方法同时发生了改变。为了强调这种变异与腭化变异的不同，本书将这种变异称为"腭塞擦音化"。

腭音化与腭塞擦音化，在日语音系中，造成了以下4个后果：在基本音行的缺位；生成了"腭音化行"与"腭塞擦音化行"；造成了在腭音化行与腭塞擦音化行中的诸多缺位；使得塞音 [t, d]（タ、ダ）缺乏腭音化行，造成整行缺位。

第五，"う段"辅音在个别行发生变异，产生辅音缺位。具体地讲，一方面，在"外（ダ）行"上"う段"的发音出现了发音方法上的变化，从基本音的齿龈塞音 [t、d]（タ、ダ）变异为齿龈塞擦音 [ts、dz]（ツ、ヅ）。这造成了塞音 [t、d] 基本音行在"う段"上的缺位与"塞擦音化行"在"あ段、い段、え段、お段"上的缺位。另一方面，在"は行"上"う段"的发音则出现了发音部位的变化。从基本音的喉擦音 [h]（ハ）变为双唇擦音 [ɸ]（フ），本书将这种变异称为"双唇音化"。双唇音化直接导致 [h] 基本音行在"ウ段"的缺位，也导致了"双唇音化行"在"あ段、う段、え段、お段"上的缺位。

四、日语的语音演变

语言是人类最主要的交流工具，它自产生之日起就无时无刻不为人们的交际而服务。[①]一种语言，随着时代的更替、人类社会环境的改变等，难免会在其语音、词汇乃至语法上发生一些或大或小的变化。相对来说，这三者中语法较为稳定，词汇变化最快，而语音则是稳中有变。所有语言都是如此，日语也不例外。

如果仅从音位角度考虑，现代日语有5个元音あ（a）、い（i）、う（u）、え（e）、お（o），20个辅音（含半元音，不含零辅音，也不计音位变体，但是さ、た、は、ざ、だ行的い、う段音前的与本行あ、え、お段不同的辅音要算在内）k、s、sh、t、ch、ts、n、h、f、m、y、r、w、n（单独发拨音ん时的发音）、g、z、j、d、b、p。音节计105个，包括："五十音图"清音44个，が、ざ、だ、ば行浊音20个，ぱ行半浊音5个，计直音69个；か、さ、た、な、は、ま、ら、が、ざ、ば、ぱ行拗音33个；以上皆为开音节。闭音节为拨音和促音各一个，长音也算一个。以上是能够拼读日语本土词汇和汉语音读词汇的一般音节，为拼读外来语而新出现

[①] 叶蜚声，徐通锵．语言学纲要 [M]．北京：北京大学出版社，2010．

的特殊假名ヴ和二合音节等尚未算在内。另外，あ行的お和わ行的を，さ和た两行的じ与ぢ、ず与づ都读音相同，同样情况的还有ざ行和だ行的拗音。如果考虑到音变的话，音位中的辅音还可以加上ざ和が行不在词首的变音。与之相反，か、た、ぱ行在词首时会发生送气化。还有な行的拗音和は行的い段假名前的辅音发音，有研究认为其辅音发音实际为软腭音等[①]。

前文中，我们将现代日语语音作了简要的概括，而日语的现代音是由其古代音继承和发展变化而来的，下面我们来追本溯源，看一下日语今日的语音是如何形成的。

（一）奈良时代及以前

上古日语的语音体系，据日本著名语言学家桥本进吉研究得出的结论是：日语上古时期语音中元音音素有8个，比今日要多出3个，即在"五十音图"中各行的あ段和う段元音与现代日语基本一致，而在か、は、ま、が、ば这几行中，今天的元音い、え、お都各自为两个不同音质的元音，我们分别用い甲、い乙、え甲、え乙、お甲、お乙来表示。辅音则缺少今天的は行辅音h，这可以从汉字发音的"整史仮名遣い"中得到证实：（1）中国汉字古音声母为h的，日语多在か行，其辅音为k。（2）按照清浊对应关系，ば行辅音应与今天ぱ行相对应，而当时只有は行。可见，ぱ行是在后来的は行辅音产生后，为了重新表记p音而在其行假名右上角另加圆圈以表示区别的，故而其他行不见这一表记法。（3）古汉语的入声-p尾字，在古代日文假名用法中用-フ（古读pu，今读fu）来表记。

（二）平安时代

与前一时期相比，日语的语音发生了比较大的变化，上述提到的甲乙两类元音差异在十世纪初左右消失。之后，大约又过了一百多年，あ行和や行的え读音逐渐统一，あ行的お和わ行的を开始混用；あ、わ两行的い和ゐ、え和ゑ、也开始混用。这一时代后期还出现了"は行转呼音"，即は行与わ行音都读成わ行音的现象，由此还能推定那时は行辅音应该已经与今日读音一致了。

平安初期，汉字音读开始出现双音化的现象，而在此之前，无论古汉语汉字

[①] 渡辺実. 日本語概説[M]. 战庆胜，译. 大连：大连理工出版社，2006.

读音的韵母部分有无韵头或韵尾，在早期日语汉字音读中都一概舍去不读。由此开始，有了表示拨音的表记法，今天的ん当时以に、い、ぬ、れ等表记。中期，い、れ、ぬ表记法先后消失，渐渐出现心表记。ん表记的出现已是平安后期了。这期间拗音表记和く、ぐ两行后加わ行二合元音的表记法也开始形成，并定型下来，一部分已与今日完全相同。汉字的入声塞尾也出现了对应的表记法，一般是以 -き、-く表记 -k 尾音，-ち、-つ表记 -t 尾音，-ふ表记 -p 尾音。其中 -ふ表示法又因为"は行転呼"作用，一部分已分化为 -う尾音，另有一小部分在か、さ、た、ば行前已形成了促音。约公元 810—950 年间还出现了"音便"，即人们为了发音方便而产生的语音变化，以い音便、う音便为主，其中的い音便与今日以く、ぐ结尾的五段动词的音便已然类似。不过，当时的い、う音便不限于在か、が两行之前出现。

（三）镰仓与室町时代

这一时期，日语语音变化不大，和歌界的藤原定家提出了根据音调来区分お和を的方法：音低者为を，音高者为お，分别用汉字"尾"和"绪"来表记。藤原氏是平安末镰仓初的大家，他的这一方法具有划时代的意义，为后来的僧阿行（原知行）所采纳，并增订成了《假名文字遣》，成为人们假名使用的新规范，该规范一直使用到江户时代末期。另外，在这一时期，日语的促音开始定型下来，除了沿用平安时代的"は行転呼"式之外，原表记古汉语 -t 尾音（以 -ち、-つ表记者）的发音在一部分清音前也改读为促音，这可以从 1603 年的《日葡辞书》里汉字音读词的葡萄牙文转写法中得到证实。

（四）江户时代

江户时代，日语在语音上又有了较显著的变化：非重读音节中的元音い、う开始无声化；え段后的い被同化而形成长音；由于德川家族掌握了政权，关东江户方言的发音开始成为标准音，关西地区的う音便逐渐为关东地区的促音便所替代，并且明确规定出现在か、さ、た、ぱ四行前；く、ぐ两行后加わ行二合元音逐渐变为か、が行的直音形式；拨音 -む、-ん表记法开始合流。到了今天，-ん表记法早已不仅仅用于在表记汉语词的对应发音上，也出现于日语的"和语"词汇中了。最普遍的例子就是です、ます体中助动词ます非过去式的否定形式：ません。它可以分解成为助动词ます的未然式ませ，加上否定词ぬ。由于‐う音的脱落，ぬ现在已经变成了ん。

（五）明治维新以后

这一时期，江户更名东京，正式成为日本的政治中心，以东京音为基础，兼收关西等其他地区的方言，甚至外语的语音，形成了今日日语的标准音。在语音统一规范方面，作用最大的要数1946年内阁颁布的《現代仮名遣い》，它规定了33条假名使用规范。今天的日语假名用法，基本上就是以此为基础。不过在1986年，新的《現代仮名遣い》又对其作了一些局部的调整。出于对西方语言准确表记的需要，这一时期出现了只有片假名形式，而无平假名的ヴ以拼读外来语中的 /v/ 音，而在这以前都是用ば行假名来兼代。同时还新增了将每行假名像拗音、促音记号一样"小写"以附在い、う、て、で等假名后以拼合二合元音和 /ti//di/ 等日语的和语、汉语词汇中不存在的读音。至此，日语的语音基本定型。

第二节 日语的节奏

当我们听到一门陌生的语言时，一般很难快速直接地捕捉到其中一个一个的元音或者辅音，第一感受往往是这个语言的节奏。在日常生活中我们所说的节奏，要么是在"音乐或诗歌中交替出现的有规律的强弱、长短的现象"，要么是指"均匀的、有规律的进程"。语言中的节奏更接近后者，是"突显要素有规则地间隔出现所产生的听觉模式"。我们将这种有规则的间隔称为"等时性"。

一般来说，可以按照在听觉上的等时性单位（节奏）将世界上的语言分为两大类：一类是"重音节奏"（stress-timed rhythm），另一类是"音节节奏"（syllable-timed rhythm）。

在英语里一段话中不论重音之间间隔了多少音节，重音与重音之间的时长往往保持相等，因而英语是重音节奏类语言。与英语不同的是，汉语中每个音节的长度都差不多。例如，在"我是中国人"这句话中，"是"是由一个辅音加一个元音组成的音节，"中"是由一个辅音、一个元音再加一个辅音组成的音节。对于汉语本族语者来讲，无论是说话人还是听话人都会觉得"是"与"中"的发音时长基本没有区别。这有很大一部分原因是受到汉字的影响。一般来讲，在汉语中除了儿化音（如"花儿"）以外，都是一个汉字对应一个音节，而汉语本族语者会认为每个汉字的发音时长相等，进而也就认为每个音节的发音时长相等。汉语是音节节奏类语言。

与汉语相似，日语在重音节奏类与音节节奏类的划分中，也属于音节节奏类语言。然而，日语的等时性单位是小于音节的莫拉（mora）或音拍（beat）。不过，有很多日语语音学者将日语的节奏类型单列出来，将其称为"莫拉（拍）节奏"类。

一、日语的莫拉

莫拉是介于音段和音节之间体现音段时长的音系单位。想要弄清楚莫拉，首先需要再介绍一下音段与音节。

元音与辅音都是音段。音段，简单来讲，就是语音中一个一个离散的单位，即人们常说的元音与辅音。音节则是"听觉上最容易分辨的语音片段"，这表明即便是没有语音学知识的语言使用者也能够轻易地划分音节。比如，在上文中提到过的，对于汉语"我是中国人"来讲，不管有没有语音学知识，汉语本族语者都会将它划分为 5 个音节。然而，可以划分音节并不代表就能给音节下一个准确的定义。

首先，虽然语言使用者可以划分音节，但实际上划分音节的标准并不明确。有很多人认为，响度是划分音节的标准，然而有学者认为，从声音的响度来讲，"吴阿姨" [u.a.i] 与 "外" [uai] 之间并没有什么明显的区别，但是汉语本族语者会将前者划分为 3 个音节，而将后者划分为一个音节。

其次，即使能够从听觉上划分出音节，实际上对音节的划分界线也并不明确。例如，英语词 extra，即便不是英语本族语者，也仍然能够快速地判断出 extra 是个两音节词，可是它的音节界线在哪里呢？是应该划分为 /ek.stra//eks.tra/ 呢，还是 /ekst.ra/ 呢？按照英语音节中元音与辅音的构成方式来讲，这 3 种划分方法各有道理，甚至除了这 3 种划分方法之外，如果认为清擦音 /s/ 是横跨前后两音节存在的辅音的话，还可以将 extra 划分为 /eks.stra/。

最后，母语背景的不同又往往左右了听话人对音节的划分结果，致使音节的划分带有很强的社会性。比如，对于「is」这个音段，英语本族语者会认为它是一个音节，是单词 is，但汉语本族语者则会认为它是两个音节，即汉语的"意思"。

综上所述，音节虽然是听觉上最容易分辨的语音片段，然而实际上却缺少对音节的明确定义。不过可以肯定的是，音节是由音段构成的大于音段的单位，而莫拉是位于二者之间的。日语中除拗音外的每一个假名都是一莫拉，拗音是两个假名一莫拉。由此可知莫拉也就是日语俳句、川柳或和歌中被看作一拍的单位，因此在日语中莫拉与音拍是对一个单位的不同称呼，没有本质上的区别。在上一节提到的日语第一到第七类音中，每一个音都是一拍，也就是一莫拉。比如，在日本第一生命保险株式会社主办的第 30 回上班族川柳大赛中，就有以下获奖作品。

第一名：
ゆとりでしょ？（你是宽松教育的一代吧？）
そう言うあなたは（会这样说的你）
バブルでしょ？（是泡沫经济的一代吧？）

第三名：
ありのまま（随它吧）
スッピンみせたら（素颜出现后被问道）
君の名は？（你的名字？）

在第一名的第一句"ゆとりでしょ"里，虽然有 6 个文字"ゆ・と・り・で・し・よ"，但是一拗音算作一拍、一莫拉，所以它是由 5 个莫拉组成的，分别是"ゆ・と・り・で・しょ"。而在第三名的第二句"スッピンみせたら"中，虽然第二音是小写的促音，并且在语音上讲也只是后面塞音 [p] 的成阻和持阻部分，是一段短暂的无声空白，但由于一特殊音也是一拍、一莫拉，所以它是由 8 个莫拉组成的，分别是"ス・ッ・ピ・ン・み・せ・た・ら"。

由此可知，日语的莫拉主要有 3 种结构。

（1）V：即只有一个元音，适用于由短元音或特殊音中的长音构成的莫拉，如"あ、い、う、え、お"等。

（2）CV：即一个辅音加一个元音，适用于非元音、非拗音、非特殊音构成的莫拉，如"か、さ、た"等。CV 还有一个变体是 C'V，即一个腭化辅音加一个元音，适用于拗音，如"きゃ、しゃ、ちゃ"等。

（3）C：即一个辅音，适用于由特殊音中的拨音及促音构成的莫拉，如"ん、っ"等。一般来讲，日语按照莫拉计数与按照音节计数的区别不大，主要的分歧点出现在有特殊音出现的语句中。例如，"ラーメン"[rɑːmen] 这个词，按照莫拉计数，有4个莫拉，分别是"ラ・ー・メ・ン"，按照莫拉结构来看是"CV・V・CV・C"；但是按照音节计数，对于汉语本族语者或者英语本族语者来讲，会认为这个词有两个音节，分别是 [rɑː] 与 [men]，对于日语本族语者的语音学者来讲，大多赞同这一观点。这就使得"ラーメン"[rɑːmen] 的2个音节 [rɑː] 与 [men] 成为各自包含2个莫拉的音节，进而导致在音节计数与在莫拉计数上的不一致。

一般来讲，一个音节的莫拉总数不会超过两个。我们将具有1个莫拉的音节称为轻音节（軽音節，light syllable），具有2个莫拉的音节称为重音节（重音節，heavy syllable）。那么，"ラーメン"[rɑːmen] 是一个由四莫拉、两重音节组成的词，其莫拉结构为"CV・V・CV・C"，音节结构分别是"CVV・CVC"。

由于在日语中音节计数与莫拉计数的差异都是由特殊音（长音、促音、拨音）导致的，因而我们也将特殊音称为"特殊拍"（特殊拍）。在包含特殊拍的词句中的计数差异，直接导致了一个问题：日语的节奏单位是莫拉（音拍）还是音节？或者有其他？鉴于日语的等时性单位是莫拉，所以大部分学者认为日语的节奏单位是莫拉。在日语教育中，也常常要求学习者用拍手的方法，按照莫拉或音拍学习特殊拍，进而掌握日语节奏。例如，在说明"おばさん"（阿姨）与"おばあさん"（奶奶）的区别时，就有很多日语教科书介绍边拍手边发音的方法。"おばさん"（阿姨）是四莫拉词，拍手就"啪啪啪啪"地拍四下；"おばあさん"（奶奶）是五莫拉词，拍手则要"啪啪啪啪啪"地拍五下。

需要注意的是，日语莫拉的等时性，严格地说，只是在听感上觉得每一莫拉的时长大体相等，实际上日语语料声学测量的结果却不完全支持听感。按照听感来讲，具有特殊拍的两莫拉音节的时长，应该是不具有特殊拍的一莫拉音节的两倍；但多数的研究结果表明，特殊拍的时长仅是其对应的音段音位时长的两倍左右。也就是说，在同样的发音语速下，"切手（きって）"[kitte] 的"きっ"的时长要短于"桜（さくら）"的"さく"的时长。不过，对于初级、中级日语学习者来讲，在日语特殊拍的发音上，更主要的问题是特殊拍发音的脱落或时长不足，而不是特殊拍发音过长。因此，在对初级、中级日语学习者的教学中，可以暂不考虑特殊拍与非特殊拍在声学上的时长区别，而应首先训练日语特殊拍的发音，使之形成莫拉等时性的发音与感知习惯。由于特殊拍与非特殊拍存在上述区别，也有一部分学者认为日语的节奏单位是音步（フット，foot）或节奏组（リズムユニット，rhythm unit）。

二、日语的音步、节奏组

在前文中谈到，按照莫拉的结构，日语的一莫拉有三种结构，分别是CV、V和C。C只能是特殊拍中的促音或拨音。换言之，在日语的莫拉结构中，以元音结尾的情况占压倒性多数。在音节结构中亦是如此。我们将以元音结尾的音节称为"开音节"（開音節，open syllable），将以辅音结尾的音节称为"闭音节"（閉音節，closed syllable）。在日语中，以一个元音（V）或一个元音加一个辅音（CV、CʲV）构成的开音节占多数。而闭音节则有两类。以拨音结尾的一类写作VN、CVN或CʲVN。例如，"円（えん）"[en] 就是VN结构；"本（ほん）"[hon] 是CVN结构；"旬（しゅん）"[cwn] 是CʲVN结构。以促音结尾的一类写作VQ、CVQ或CʲVQ，如"压迫（あっぱく）"[appakw] 中的 [ap] 就是V结构，"学校（がっこう）"[gakko:] 中的 [gak] 就是CVQ结构，"却下（きゃっか）"[kjakka] 中的 [kjak] 就是CʲVQ结构。日语的音节结构看似简单，实则不然。在划分日语音节时一个绕不开的问题就是んばいん"连元音"（連母音，vowel hiatus）与"二合元音"（二重母音，diphthong）的分歧。

在日语语音学中，"连元音"与"二合元音"是不同的术语。"二合元音"指"含有两个目标舌位的复合元音。例如，普通话韵母中的 [ai][ei][au] 等。"二合元音"作为复合元音的次级分类，是在同一音节内音质发声变化的元音组合。而"连元音"却不同。"连元音"与"二合元音"最大的不同在于"连元音"不作为同一音节处理。例如，汉语中的"依依不舍"中的"依依"就是两个连续的但不作为同一音节处理的连元音。

日语中，对"二合元音"与"连元音"的划分方法出现了很大的分歧。例如，日语词"爱（あい）"[ai] 是由两个元音组成的两莫拉词，结构为VV。与"爱"相似，"甥（おい）"[oi] 也是由两个元音组成的两莫拉词，结构还是VV。但是有日语语音学知识的日语本族语者往往认为"爱"是一音节词，而"甥"则是两音节词。实际上，"爱"与"甥"在莫拉构成或响度上十分相似。唯一不同的是，"愛"是日语中的汉词（漢語），也就是由汉语传入的词，"甥"是日语中的和词（和語），也就是本来就存在于日语中的词。词汇种类的区别并非语音学上的区别特性，在世界语言范围中也没有很强的共性。

因而"爱"与"甥"的音节划分区别，实则缺乏严密的语音学理论支持，也造成了日语音节划分的分歧。因此，音节不是日语节奏的理想单位。很多日语语音学者主张日语的节奏是音步，或者说是节奏组。

一个音步（フット，foot）一般含有两个音节。通常按照以下规则，划分日语音步。

（1）"O+长音""O+促音""O+拨音""O+元音"（即连元音）、"です或ます"首先划为一音步。

（2）其余的莫拉从左至右，两两结合为一音步。

（3）如果还有剩余莫拉，无法与其他莫拉组成音步，则为半音步。

例如，日语常用寒暄语"こんにちは"（你好），按照上述规则，就会首先组成音步"こん·にちは"。接着组成音步"こん·にち·は"，分别是一音步、一音步与半音步。"おはようございます"则组成音步"おは·よう·ご·ざい·ます"，分别是一音步、一音步、半音步、一音步、一音步。

与音步不同但极其相似的节奏单位还有节奏组，节奏组共有两种：节奏组[1]与节奏组[2]。节奏组[1]是只有一莫拉的单位，为"短"；节奏组[2]是包含两莫拉的单位，为"长"。日语是由节奏组[1]与节奏组[2]组合而成的长短交替的节奏。有学者为划分节奏组制定了如下规则。

第一，从词头开始，每两莫拉构成一个节奏组[2]，剩余的莫拉构成一个节奏组[1]。例如，"食べ物（たべもの）"分为"たべ·もの"，是一个[22]型节奏组。而"めがね"分为"めが·ね"，是一个[21]型节奏组。

第二，特殊拍与其先行莫拉优先构成节奏组[2]。例如，"時間（じかん）"分为"じ·かん"，是一个[12]型节奏组；"飛行機（ひこうき）"分为"ひ·こう·き"，是一个[121]型节奏组。

第三，划分节奏组时，需要考虑构词规则。例如，"ロースカツ"宜划分为"ロース・カツ"，而非"ロー・スカ・ツ"。按照"ロー・ス・カ・ツ"划分的话，"ロースカツ"就是一个[212]型节奏组。

另外，这种节奏组划分方法承认派生词带来的节奏组变化。例如，"名古屋（なごや）"本来的划分是"なご・や"，是一个[21]型节奏组，但后面加上"市（し）"变成"名古屋市（なごやし）"之后，则划分为"なご・やし"，成为一个[22]型节奏组。又如，"魚（さかな）"本来的划分是"さか・な"，是一个[21]型节奏组，但前面加一个美化词"お"变成"お魚（おさかな）"之后，则划分为"おさ・かな"，也成为一个[22]型节奏组。

这样的节奏组划分方法，有助于帮助日语学习者习得更为自然的日语节奏，但仍存在一定问题。首先，就是对连元音的划分。例如，"赤い（あかい）"，是应该按照音步的划分，将"赤（あかい）"划分为"あ・かい"，成为一个[12]型的节奏组，还是应该按照节奏组划分原则（1），将它划分为"あか・い"，成为一个[21]型的节奏组？这个问题还没有明确的答案。

其次，对于超重音节的节奏组划分问题。在上文中我们提到，一般来讲，一个音节的莫拉总数不会超过2个，只有1个莫拉的音节是轻音节，有2个莫拉的音节是重音节，但有时一个音节可能含有2个以上莫拉，这种音节就被称为超重音节。

在日语中的超重音节一般来自外来词（外来語）。例如，"コーンスープ"中的"コーン"就是一个包含了3个莫拉的超重音节。由于日语中的特殊拍不能单独成为音节，也不会出现在词头，因此，按照节奏组或音拍的划分规则将它划分为"コー・ンス・ープ"显然是不正确的。那么，对于"コーンスープ"应该如何划分呢？音步与节奏组都没有对这一问题给出明确的答案。

当然，即便音步与节奏组在划分的具体操作规则中存在上述问题，但不可否认的是，较之莫拉节奏，它们有帮助高熟练度的日语学习者改善自己日语发音的可能。同时，按照节奏组与音步的划分类型，我们也可以更清晰地观察出学习者容易在哪几种节奏组类型中出现具有普遍性的发音错误。例如，有研究表明，学习者容易将[12]型的"旅行（はこう）"错误发音成[22]型的"りょうこう"。这有助于我们在日语教学中，有的放矢地注意学习者对于这些节奏组类型的发音，并对此类错误加以预防和改善。

第三节 日语的声调

一、日语声调概要

日语的声调是词层面上出现的莫拉间的相对高低配置。在这一定义中，有两点需内部辨别语义的音高变化。第一，所谓的高低，是听感上的相对高低。之所以这样讲，是因为在对日语本族语者实际发音的语料进行声学测量之后发现，很多高低调词的第一莫拉的平均音高不见得就比第二莫拉的平均音高低。不过从听觉上听音人仍会将这种词判断为一个高低调的词。因而在这里，"高低"表示在同一词中几个莫拉在听觉上的感受，而非声学上的绝对高低。第二，高与低，代表日语声调是二元配置。即日语词层面的声调中，每个莫拉的音高只有高或低两种可能。其中，曲拱虽然是影响听感的重要因素，却不是日语声调在音系上的区别特性。

按照第二点来讲，一个 n 莫拉的日语词，应该有 2n 种声调类型（アクセント型，accent type，accent pattern）。但事实上日语的声调类型却要比 2n 少得多。在日语中一个 n 莫拉的日语词，更确切地讲是日语名词，最多只有 "n+1" 种声调类型，而且这个 "+1" 还是在有后续成分出现的时候才能够表现出来。单看词本身，一个 n 莫拉的日语词，最多只有 n 种声调类型。

二、日语声调的名称

日语声调，有多种不同的名称系统。我们假设一个四莫拉的词，如上文所述，在日语中它并没有 16 种声调类型，最多只有 5 种声调类型。图 3-3-1 是四莫拉日语词可以拥有的 5 种音高变化模式。

图 3-3-1　四莫拉日语词的 5 种音高变化模式

据此，我们可以总结出日语声调具有如下特点。

第一，前两莫拉的高低一定不同。如果第一莫拉低，第二莫拉一定高；反之，如果第一莫拉高，则第二莫拉一定低。

第二，在一个日语词中，可以没有音高下降（如第5种声调类型）。

第三，在一个日语词中，也可以有音高下降（如第1种到第4种声调类型）。如果有音高下降，也仅有一处音高下降，并且音高一旦下降之后就不会再次上升。

因而，日语声调中不会存在"低高低高低"式的音高变化模式。在词中音高明显地下降，被称为"声调核"（アクセント核，accent kernel），一般用"*"或"7"表示，如图3-3-1所示，实心黑色圆圈即为声调核出现的莫拉。这5种声调类型在日语中都有分布。比如，日语词"真实"/si*niitu/ 属于第1种声调类型，"果物"/kuda*mono/ 属于第2种声调类型，"湖"/mizuu*mi/ 属于第3种声调类型，"妹"/imouto*/ 属于第4种声调类型，"入り口"/iriquti/ 属于第5种声调类型。

（一）汉字名称

日语的声调类型按照词中是否有声调核，分为平板型（平板型，Heiban）与起伏型きぐかた（起伏型，Kifuku）。如图3-3-1所示，第5种声调类型就是平板型，而前4种声调类型都是起伏型。起伏型还可以按照声调核出现的位置进一步细分。声调核出现在词头的，称为"头高型"（頭高型，Atamadaka），如图3-3-1所示，第1种声调类型。声调核出现在词中的，称为"中高型"（中高型，Nakadaka），如图3-3-1所示，第2种声调与第3种声调类型。声调核出现在词尾的，称为"尾高型"（尾高型，Odaka），如图3-3-1所示，第4种声调类型。

另外，如图3-3-1所示，平板型与尾高型在四莫拉词的词中的高低分配上并无明显区别，都是第一莫拉低、第二至第四莫拉高。它们的区别只有在有后续成分出现时才能表现出来。例如，前文中所举之例，尾高型的"妹"/imouto*/ 与平板型的"入り口"/iriquti/ 的四莫拉的音高分布都是"低高高高"，但是当有后续助词"が"使二者分别变成"妹が"和"入り口が"时，"妹が"中的が为低，"入り口が"中的が为高。二者的区别就表现出来了。

上述日语声调类型的名称系统，在表述多莫拉词的中高型时会遇到一定的困难。例如，"果物"/kuda*mono/ 与"湖"/mizuu*mi/ 虽然都属于中高型，但"果物"的声调核在第二莫拉，"湖"的声调核在第三莫拉。虽然也有研究者在中高型的基础上，又分别将这两种声调类型称为"中高Ⅰ型"与"中高Ⅱ型"，不过当需要区别中高型中声调核出现的位置时，更常见的是使用声调类型的数字名称系统。

（二）数字名称

在声调核的数字名称系统中，有正数和倒数两种。从正数来看，图 3-3-1 中的 5 种声调类型分别被称为"1 型"（1 型，Type1）、"2 型"（2 型，Type2）、"3 型"（3 型，Type3）、"4 型"（4 型，Type4）、"0 型"（0 型，Type0）。从倒数来看，这 5 种声调类型则分别被称为"-4 型"（-4 型）、"-3 型"（-3 型）、"-2 型"（-2 型）、"-1 型"（-1 型）、"0 型"（0 型，Type0）。

声调核的数字名称系统，不仅解决了汉字名称系统中中高型无法明确标记多莫拉词声调核具体位置的问题，而且被广泛地应用于以下两个方面。

首先，在描述动词与形容词的声调类型时，常用数字名称。上文提到在日语中一个 n 莫拉的日语名词最多有"n+1"种声调类型，而名词是日语中声调变化最复杂的词性。日语的动词和形容词远没有这么多的声调变化。在日语的动词和形容词中，一般词中要么没有声调核，如果有声调核，声调核也是出现在倒数第二莫拉上。也就是说，日语动词和形容词要么是"0 型"，要么是"-2 型"。当然还有很少一部分动词和形容词的声调核出现在词头第一莫拉，是 1 型（动词如通る、帰る、入る，形容词如多い）。但对于动词与形容词来讲，"0 型"与"-2 型"仍占压倒性多数。

在日常的日语教学中，日语学习者在两莫拉词中，仍可以较准确地区别"0 型"动词与"-2 型"动词的发音，很少出现将"行く"/iku/ 错发成"来る"/ku*ru/ 的情况。然而在多莫拉词中，则广泛存在学习者不顾动词的声调类型，一律发音成"-2 型"的情况。下列动词均为"0 型"动词，需要特别注意：遊ぶ、洗う、送る、笑う、使う、座る、借りる、教える、忘れる、伝える、喜ぶ。在教学中，日语学习者中也出现了不顾形容词本身的声调，一律将形容词发音成"-2 型"的现象。但是，由于近年来在日语本族语者中也出现了将形容词声调发音为"-2 型"的变化，对此问题进行教学指导就显得没那么紧迫了。

除了上述在对动词和形容词声调的表述中常对日语声调的数字名称系统加以使用外，日语声调的数字名称系统与汉字名称系统一样，也常用于对日语学习者进行的声调发音与感知研究。

例如，鮎澤孝子等 1995—1998 年对以汉语为母语的日语学习者进行的一系列日语声调感知研究中，就使用了日语声调的数字名称系统。

不过数字名称系统与汉字名称系统一样，有长处的同时也有短处。数字名称系统的短处就在于对含有不同莫拉数的词进行比较时，较难找到一致性。比如，一个四莫拉词的 4 型声调，代表的是词尾出现声调核；而一个五莫拉词的 4 型声调，代表的则是词中出现声调核。因而更多的语音学者在探讨日语声调时，往往会同时使用声调的汉字名称系统与数字名称系统。

（三）英文字母名称

除了汉字名称系统与数字名称系统之外，英文字母名称系统也是日语声调的常用名称系统。在英文字母名称系统中，高莫拉记作 H，低莫拉记作 L。在 H 和 L 之间，即声调核处可以加入"*"号。为了区分平板型与尾高型，还可以在词末加入"( )"，再在其中记入 H 或 L。

例如，上文已经举过的例子，日语词"真实"/si*njitu/ 用英文字母名称系统记为 H*LLL，"果物"/kuda*mono/ 记为 LH*LL，"湖"/mizuu*mi/ 记为 LHH*L，"妹"/imouto*/ 记为 LHHH*（L），"入り口"/iriquti/ 记为 LHHH（H）。

英文字母名称系统的长处在于可以用字母表现出词中每一个莫拉的高低分布，便于分析复合词、派生词的音高变化；英文字母名称的短处在于对于多莫拉词而言，有时记号过长，不易于比较有不同莫拉数之间的声调区别。

综上所述，日语声调的名称系统各有利弊，均常用于日语教科书与日语语音学研究中。日语学习者需要在理解各个名称系统的基础上，根据自己的需要选择合适的名称加以利用。如图 3-3-2 所示，归纳了日语的汉字名称系统、数字名称系统和英文字母名称系统。

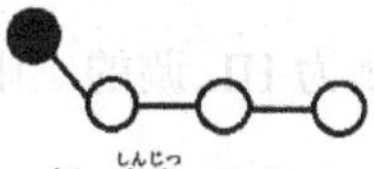 例：真実 /si*njitu/	头高型	1型	-4型	H*LLL
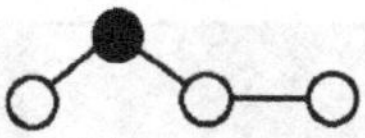 例：果物 /kuda*mono/	中高型	2型	-3型	LH*LL
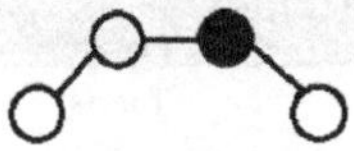 例：湖 /mizuu*mi/	中高型	3型	-2型	LHH*L
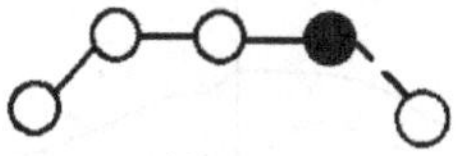 例：妹 /imouto*/	尾高型	4型	-1型	LHHH*(L)
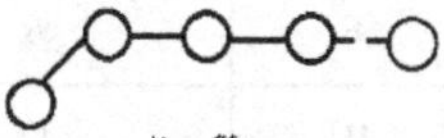 例：入り口 /iriguti/	平板型	0型	0型	LHHH(H)

图 3-3-2　日语声调的名称系统

三、日语和汉语声调的声学特征

（一）日语声调的声学特征

前面我们就日语声调的三个特点进行了说明。这三个特点分别是：前两莫拉的高低一定不同；在一个日语词中，可以没有音高下降；但如果有音高下降，也仅能有一处音高下降，并且音高一旦下降之后就不会再次上升。由此可知，日语的声调类型可以由词中音高下降的有无及其位置决定。

在理论上，包含 n 莫拉的名词，会有"n+1"种声调类型存在。其中以有核、无核进行区别的最基本的日语声调类型，即为两莫拉词中的低高调（low-high accent，LH）与高低调（high-low accent，HL）。

如图 3-3-3 所示，为日语本族语者（女性，25—30 岁）朗读的两个两莫拉词。左侧为 LH 调的"飴 /ame/"的语图及音高曲线，右侧为 HL 调的"雨 /a*me/"的语图及音高曲线。

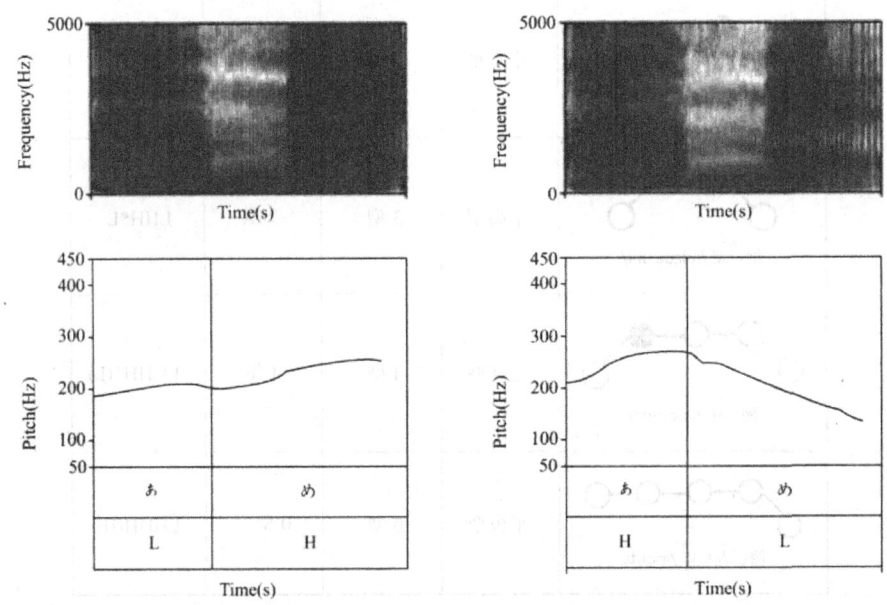

图 3-3-3　日语的 LH 调与 HL 调

如图 3-3-3 所示，在两莫拉词 LH 调的"飴"（糖）中，第一莫拉相对较低，第二莫拉相对较高，通过第一莫拉到第二莫拉，我们可以观察到音高曲线的平缓上升。与此相对，在两莫拉词 HL 调的"雨"中，第一莫拉相对较高，第二莫拉相对较低，在第一莫拉中可以观察到音高曲线的上升，而在第一莫拉到第二莫拉的过渡部分及第二莫拉中可以观察到音高曲线的明显下降。

日语声调的音高虽然在 LH 调与 HL 调之中均出现了变化，但对日语本族语者进行的日语声调感知实验结果却表明，HL 调中表现出来的第一莫拉中的音高曲线的上升并非词单位的音高变化特征，而是句单位的音高变化特征。也就是说，这种音高变化曲线广泛地出现在单独发音的句子开头，是表示句子开始的声学特征。因此，这种音高变化又被称为"句头音调"。而在 HL 调中表现出来的在第一莫拉到第二莫拉的过渡部分及第二莫拉中的音高曲线的明显下降，才是以词为单位的声调区别特征，而这也就是上文中提到的日语声调的声调核。

（二）汉语声调的声学特征

众所周知，汉语的声调是音节内部不同的音高变化，共有 4 种，分别为音高始终处于高水平且没有大的上下起伏的第一声，音高由中间水平上升至高水平的第二声，音高由较低水平降至低水平后反转上升至较高水平的第三声，音高由高水平下降至低水平的第四声。这 4 种声调即为现代汉语所说的"四声"。

按照音高变化的不同形态，可将四声分为两类，第一声为水平声调（段位声调，leveltone），第二声至第四声为曲线声调（曲線声調，contourtone）。对于水平声调，一般只需注意其相对的音高水平。例如，是在较高还是较低的水平。对于曲线声调，则不仅需要注意其相对的音高水平，还需要注意其变化的模式。例如，从高水平下降到低水平，从中水平上升到高水平，等等。

如图 3-3-4 所示，是汉语本族语者（女性，25—30 岁）朗读的"妈（/ma/，T1）""麻（/ma/，T2）""马（/ma/，T3）""骂（/ma/，T4）"的语图及音高曲线。

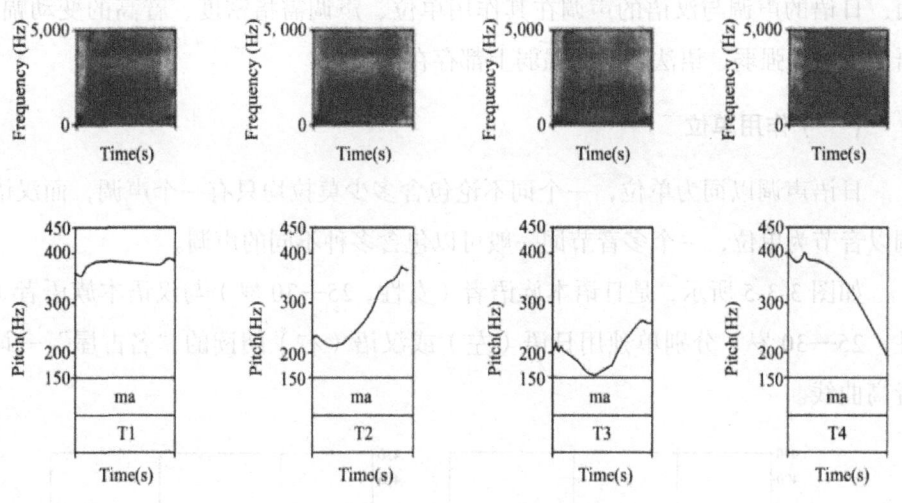

图 3-3-4　汉语的四声

如图 3-3-4 所示，单独发音的汉语声调的音高曲线的前后，会出现与音高曲线整体走向相异的部分。例如，第二声的音高曲线整体呈上升趋势，然而在其开头与结尾会观察到短暂的下降。又如，第四声的音高曲线整体呈下降趋势，但是在其开头和结尾都会看到短暂的包括音高上升在内的音高波动。这种与音高曲线整体走向相异的部分，在开头被称为"弯头"，在结尾被称为"收尾"。

在汉语声调中的弯头与收尾来源于发音时声带自然的张弛变化，将此两段去除后留下的较为统一的可以反映声调整体走向的部分才是声调的核心部分，也被称为汉语声调的声调核，这也成为判断汉语声调类型的关键所在。但是，有时由于发音人的发音习惯，会将原本很短的弯头与收尾的时长拉大，进而出现图中所示的第二声的音高曲线与第三声的音高曲线十分相似的情况。此时听音人在分辨第二声与第三声时，不仅会利用音高曲线的变化类型作为感知线索，同时也会利用音高曲线的最低点及不同声调的不同音高水平作为感知线索。这正是上文中所说的，对于曲线声调，不仅要注意其音高的变化模式，也要注意其相对的音高水平的原因。

四、日语和汉语声调的比较

日语与汉语都是利用音高辨别语义的语言，在这一点上二者存在相似点。然而，日语的声调与汉语的声调在其作用单位、声调需指密度、音高的变动幅度、语义功能的强弱、语法功能的强弱上都存在区别。

（一）作用单位

日语声调以词为单位，一个词不论包含多少莫拉均只有一个声调，而汉语声调以音节为单位，一个多音节词一般可以包含多种不同的声调。

如图3-3-5所示，是日语本族语者（女性，25—30岁）与汉语本族语者（女性，25—30岁）分别单独用日语（左）或汉语（右）朗读的"名古屋"一词的音高曲线。

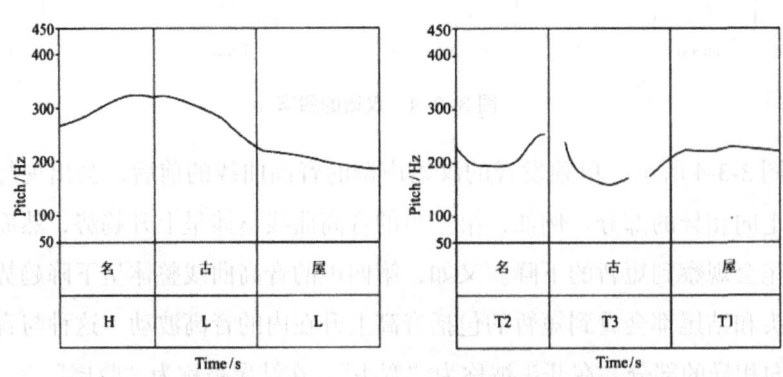

图3-3-5　日语三莫拉词和汉语三音节词的音高曲线

在三莫拉的日语词"名古屋"[na.go.ja]的音高曲线中，可以观察到音高曲线从第一莫拉的开头开始上升，呈现出了"句头音调"的特点，之后从第一莫拉的后部到第三莫拉的末尾整体呈现下降趋势，尤其在第二莫拉中能够观察到代表声调核出现的音高明显下降。三个莫拉结合在一起，形成了一个"人"字形，是一个整体的音高变化过程。与此相对，在三音节的汉语词"名古屋"的音高曲线中，第一音节是第二声，第二音节是第三声，第三音节是第一声，在各个音节中可以观察到音高的不同变化模式，其声调为每个单字单独发音时的声调组合。

（二）声调需指密度

声调需指密度指的是在词或句中音高被指定的密度。在日语中当一个词包含多个莫拉的时候，其第一莫拉与第二莫拉的音高必定相异。即如果第一莫拉相对较高，则第二莫拉一定相对较低；如果第一莫拉相对较低，则第一莫拉一定相对较高。另外，日语词中音高一旦下降就不会再次上升。因而在日语声调中，一旦明确了音高变化局部的特点，即是否有声调核出现，如果有声调核出现，那么明确声调核出现的位置为何，就可以推测出整个词各莫拉的音高变化。例如，假设有一个五莫拉词"〇〇〇〇〇"，如果知道它有声调核，并且声调核出现在第二莫拉，那么就可以推测出这个五莫拉词的声调为"LH*LLL"。而如果我们知道它没有声调核，我们亦能推测出这个五莫拉词的声调为"LHHHH"。由此可见，在日语中不需要对一个词中的每个莫拉的高低做出指定，只要抓住其关键特征即可。

与此相对，在汉语中除了轻声外，如果想知道一个多音节词的发音，必须知道其中每个音节的声调。

由此可见，汉语的声调需指密度要比日语高很多。

（三）高的变动幅度

如果将音高变动幅度的最高水平规定为「5」，将音高变动幅度的最低水平规定为「1」，再将音高变化水平五等分，以此来标记汉语声调沿时间轴的音高水平变化趋势的话，通常来讲，汉语声调的第一声可以标记为「55」，第二声可以标记为「35」，第三声可以标记为「214」，第四声可以标记为「51」。但是值得注意的是，当第三声出现在非结束位置，即有后续成分的词头、词中时，一般不会出现后半「14」的上升部分，而是只会出现前半「21」的下降部分，这种第三声被称为"半三声"。半三声的音高整体处在较低的水平。与汉语音高在五个水平中产生的变化不同的是，日语的声调是词中各莫拉在高—低二元水平上的相对变化。另外，与日语声调相比，汉语声调的音高最高值与最低值的落差更大。同一发音人发出的汉语的音高变化幅度要大于其发出的日语的音高变化幅度，前者基本是后者的1.4倍。

由此可见，汉语声调的音高变化幅度要大于日语声调。

（四）语义功能的强弱

声调与音位类似的、可以辨别语义的功能被称为"语义功能"。

在前文中已经提到，日语声调和汉语声调都有语义功能，但是二者在语义功能的强弱上有差异。相关学者就汉语和日语中单靠声调区别语义的词汇所占的比例进行研究，其结果显示日语为 13.57%，而汉语则为 71.00%。由此可见，汉语声调的语义功能要强于日语声调。同时日语中仅靠声调区别语义的两莫拉词居多，而对于三莫拉及三莫拉以上的词，声调的语义功能将被大幅度减弱。

（五）语法功能的强弱

声调表示词的界限的功能被称为声调的"语法功能"。

如图 3-3-6 所示，为日语本族语者（女性，25—30 岁）用日语朗读"名古屋大学"（上）与汉语本族语者（女性，25—30 岁）用汉语朗读"名古屋大学"（下）的音高曲线。日语中 H*LL 调的"名古屋"与 LHHH 调的"大学"组合成复合词"名古屋大学"时，其声调并非"H*LL+LHHH"的简单叠加。作为一个复合词的"名古屋大学"的声调，遵循日语词声调第一莫拉与第二莫拉高低相异，且音高下降后就不会再次上升的规则——其第一莫拉由本来的"名古屋"「na.go.ja」中「na」的 H 变为 L，第二莫拉由"名古屋"「na.go.ja」中「go」的 L 变为 H。

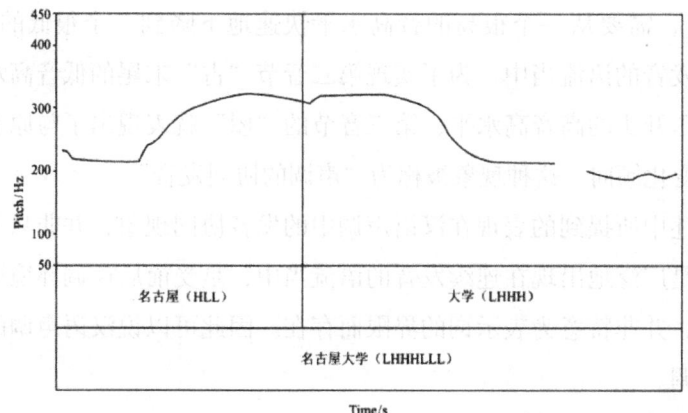

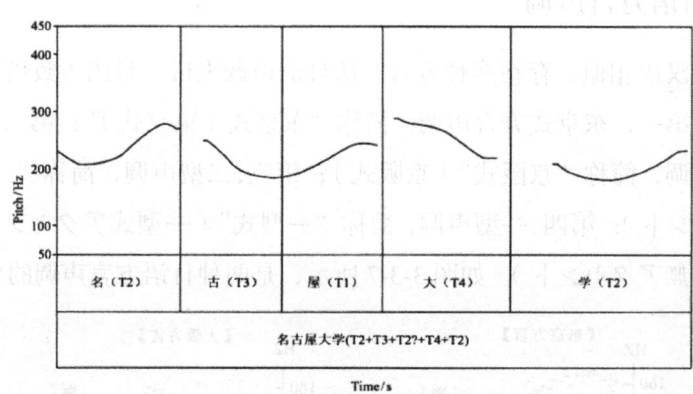

图 3-3-6　日语与汉语声调的语法功能

日语声调以这种变化表明，说话人所说的词是作为一个整体、一个专有名词的"名古屋大学"，而非"名古屋"的（某一个）"大学"。由此可知，日语声调具有用音高变化表现词的界线起止的语法功能。

与此相对，用汉语发音的"名古屋大学"的声调，则是"名古屋"的声调（即"T2+T3+T1"）与"大学"的声调（即"T4+T2"）的单纯叠加，其声调为"T2+T3+T1+T4+T2"。不过在实际观察其音高曲线的时候，也会发现些许变化——第三音节的"屋"本应该是第一声，其声调水平应该是高且平的「55」，然而实际收录的语料的音高曲线却整体呈现上升趋势。

这是由于第三音节"屋"之前的第二音节"古"出现在词中，为半三声的「21」，声调整体音高处于较低水平；而第三音节"屋"之后的第四音节"大"的第四声「51」，需要从一个很高的音高水平快速地下降到一个很低的音高水平，因而在连续发音的语流当中，为了实现第二音节"古"末尾的低音高水平，到第四音节"大"开头的高音高水平，第三音节的"屋"就表现出了与原有的声调有差异的音高变化倾向。这种现象被称为"声调的协同发音"。

上述论述中所提到的表现在汉语声调中的发音协同现象，并非只发生在复合词之中，而是广泛地出现在连续发音的语流当中，是受前后声调环境影响而频繁出现的现象，并非特意为表示词的界限而存在。因此可以说汉语声调的语法功能弱于日语声调。

五、日语方言声调

日语与汉语相似，存在多种方言。从日语声调来讲，日语大致可以分为五种方言声调：第一，东京式方言声调，简称"东京式（東京式）"；第二，京都—大阪式方言声调，简称"京阪式"（京阪式）；第三，二型声调，简称"二型式"（二型式アクセント）；第四，一型声调，简称"一型式"（一型式アクセント）；第五，"无声调"（無アクセント）。如图3-3-7所示，是两种日语方言声调的分布简图。

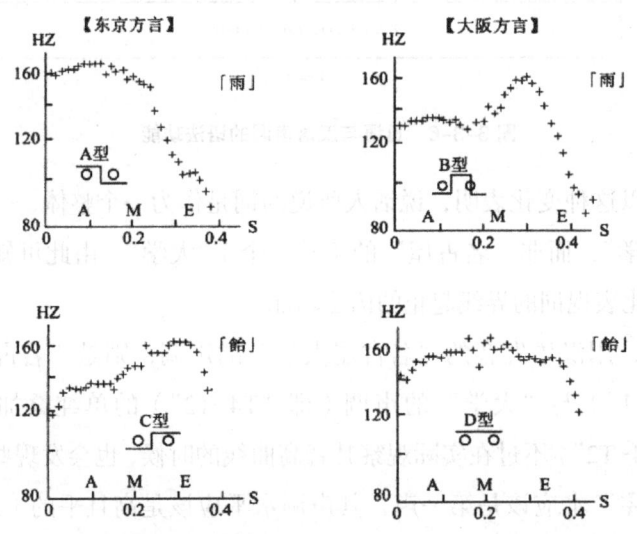

图3-3-7　大阪方言及东京方言声调

为了区分A、B、C、D四种声调类型，在有核无核之外，日语京阪式声调体系中还将词头第一莫拉为高的称作"高起式"，词头第一莫拉为低的称作"低起式"。如图 3-3-7 所示，A 型与 D 型就分别是高起式有核声调和高起式无核声调，B 型与 C 型则分别是低起式有核声调与低起式无核声调。不过，要特别注意的是，在京阪式声调体系中高起式有核声调与低起式有核声调的声调核的音高下降样式存在区别：高起式有核声调的音高下降样式与东京式声调体系中的头高型相似，低起式有核声调的音高下降样式则是东京式声调体系中不具有的音高下降样式。

图 3-3-7 左上与左下是东京方言的"雨"和"飴"（糖）的音高曲线，右上和右下是大阪方言的"雨"和"飴"（糖）的音高曲线。在各图中纵轴是音高（Hz），横轴是时间（s）。

如图 3-3-7 所示，B 型与 D 型是东京方言中没有的音高变化样式。具体地说，大阪方言的 B 型声调第一莫拉为低。按照东京方言的声调变化规则，其第二莫拉一定为高且在第二莫拉之内不会出现音高下降，即便第二莫拉之后有声调核，也只能是在第二莫拉与后续第三莫拉之间出现音高下降，并且音高的下降态势也应该类似于图中的 A 型。但实际上大阪方言的 B 型声调第一莫拉为低，第二莫拉为高，但第二莫拉内部出现了急剧的音高下降，这一下降态势明显与 A 型不同。另一方面，大阪方言的 D 型声调也违反了东京方言声调第一莫拉与第二莫拉相对音高一定不同的原则，而是第一、第二莫拉同时为高。

虽然在 /ame/ 中大阪方言并不存在 A 型与 C 型的词，但实际上大阪方言的两莫拉词可以同时拥有 A、B、C、D 四种声调类型。例如，在大阪方言的 /iki/ 中，A 型是"遺棄"（遗弃），B 型是"粋"（精华），C 型是"息"，D 型是"往き"。

从分布来看，京阪式主要分布在日本的北陆、近畿、四国地区。因其东西均为东京式的分布地域，因而呈现南北带状分布。正如东京式因地域不同，其内部也出现了有所差异的次级方言一样，在京阪式的内部也存在差异。其中与东京式密切接触的地区，近年来还呈现出逐渐向东京式转变的倾向。下文仅以大阪方言为代表对京阪式进行简要叙述。

在东京式中，各种声调类型最为重要的区别特征是声调核。这包含两重意思：一是词中是否有声调核；二是当词中有声调核时，声调核的位置在何处。换言之，在东京式中，除去声调核之外的音高变化都不具有区别声调类型的功能。然而，在京阪式声调体系中却有所不同，不仅声调核具有区别声调类型的功能，词头的音高是高还是低也具有区别声调类型的功能，因此京阪式中具备了东京式中没有的音高下降模式。

从分布来看，二型式主要分布在九州地区西南部、冲绳县的一小部分、长崎县南部到佐贺县中部及南部、熊本县西南部、宫崎县的一小部分、鹿儿岛县的萨摩及大隅的一小部分。另外，与上述地区的二型式不同的二型式变种还分布在福井县的一小部分地区。所谓二型式，就是说无论词中包含多少莫拉，这个词都只有两种声调。与东京式与京阪式不同，二型式的声调类型种类并不会随着词中莫拉数的增加而增加。二型式声调具体的音高变化样式，随着二型式的分布地区不同而不同。

从分布来看，一型式主要分布在宫崎县和鹿儿岛县的个别地区。一型式的声调体系如其名称，即无论词中包含多少莫拉，其声调类型都只有一种。其中具有代表性的"尾高一型式"，就是无论词中包含多少莫拉，词尾最后一莫拉均为高的声调体系。另外，有研究者提出可以将一型式作为二型式的变种，也有研究者提出一型式与下面即将要阐述的无声调之间是否有本质区别的问题。总而言之，一型式是尚待进一步研究的类型。

从分布来看，无声调主要分布在宫城县的中部及南部、山形县内陆地区的中部及南部到福岛县的大部分、栃木县的大部分、茨城县的大部分地区到千叶县野田市附近、静冈县的一小部分、福井县的岭北地区、爱媛县大洲市到高知县的一部分、长崎县的北部到佐贺县的北部、福冈县的筑后地区、熊本县的北部及东部、宫崎县的大部分地区。其中，靠近东京式的静冈县的一小部分地区，近年来已经逐渐变为东京式。

无声调体系与其名称一样，词音高千差万别，声调类型随发音人与词汇的不同而产生变动。拉低于第二莫拉的影响，是因为第二莫拉中包含着显著的音高下降。除了迟后下降外，相关学者还对提早下降与元音清化莫拉中声调核的感知问题展开了讨论。日语声调核最关键的感知线索为莫拉中显著的音高下降。如果在一个音拍中包含着显著的音高下降，那么即使这个莫拉的音高要稍高于前一莫拉，听音人仍会认为此两音拍之间存在声调核。这一结论得到了日语语言音学界的广泛支持。

在日语声调体系中，声调核举足轻重。一个词是否含有声调核，且如果有声调核，声调核又出现在词中的什么位置，直接决定了词的声调类型。那么，日语本族语者究竟怎样感知声调核？这里对这一问题的研讨结果进行概述。

日语声调是莫拉间相对的音高变化。在没有后续莫拉时，两莫拉词只有两种声调类型。一种是有声调核的 HL 调，一种是没有声调核的 LH 调。在 HL 调中，一般来讲，第一莫拉的音高相对较高，第二莫拉的音高相对较低，在第一莫拉与第二莫拉之间可以观察到明显的音高下降。但是在实际收录的日语发音语料中，亦存在虽为 HL 调词，只是实际上第二莫拉的开头音高要高于第一莫拉结尾音高的现象，并且音高的显著下降也并非出现在第一莫拉与第二莫拉之间，而是出现在第二莫拉内部。这种音高变化模式被称为"迟后下降"。迟后下降的存在导致了一个问题——如果日语本族语者单单依靠莫拉间的平均音高感知日语声调的话，那么他们还能正确地感知含有迟后下降音高变化的词的声调类型吗？如果能够正确感知，那么听音人在平均音高之外，还使用了怎样的感知线索？

有学者就这一问题展开了感知实验研究。在实验中，分别将图 3-3-7 中的东京方言与大阪方言中声调类型的音高曲线作为端点合成刺激连续统，对听音人进行日语声调的识别实验。观察图中的 4 个声调类型可以看出，A 型与 B 型在第二莫拉的音高下降趋势很相似；两者的不同主要在于 A 型的第一莫拉相对较高，B 型的第一莫拉相对较低。保持 A 型与 B 型第二莫拉的音高下降趋势不变，而将第一莫拉的音高在 A 型与 B 型之间进行等分，就可以得到一组以 A 型与 B 型为端点的刺激连续统。在这个刺激连续统中，随着音高曲线从 A 型到 B 型的渐变，就会出现第一莫拉与第二莫拉相对音高的逆转，进而实现包括类似于迟后下降的音高变化。

研究人员分别将 A 型的东京方言的"朝"与 B 型的大阪方言的"朝"，A 型的大阪方言的"垢"与 B 型的大阪方言的"赤"为端点，合成了两组刺激连续统。运用这两组刺激连续统，对东京方言的本族语者与大阪方言的本族语者进行了范畴性感知的识别实验。实验结果表明，听音人能够正确感知包含迟后下降的音高变化的词的声调核。由此，可以认为在感知日语声调时，除了莫拉间相对音高的区别，音调动态即音高的变化也发挥着重要的作用。"鼻（はな）"/hana/ 在鹿儿岛方言中是一个 A 型声调的词。因而其音高为 HL。但是有后续成分时，它的音高就变为 LHL。"桜（さくら）"/sakura/ 在鹿儿岛方言中也是一个 A 型声调的词，因而其音高为 LHL，但是有后续成分が时，它的音高则变为 LLHL。同理"花（はな）"/hana/ 在鹿儿岛方言中是一个 B 型声调的词，因而其音高为 LH，但是有后续成分が时，它的音高就变为 LLH。"頭（あたま）"/atama/ 在鹿儿岛方言中也是一个 B 型声调的词，因而其音高为 LLH，但是有后续成分が时，它的音高则变为 LLLH。

以 LH 调的"飴"/ame/ 与 HL 型的"雨"/a*me/ 的音高曲线为端点，合成了从"雨"向"糖"渐变的包含 9 个刺激在内的刺激连续统。运用该刺激连续统，对日语本族语者、没有日语学习经验的英语本族语者进行范畴性感知的识别实验。实验结果表明，英语本族语者在感知日语声调的刺激连续统时，也会将刺激连续统划分范畴，但是识别范畴间的离散性要低于日语本族语者，以此证明了听音人的母语背景会对日语声调的范畴性感知模式产生影响。

对有日语学习经验的非日语本族语者进行日语声调的范畴性感知的识别实验。将 /na.na.na.na/ 发音成 HLLL 型与 LHLL 型的两个无意义词的音高曲线为端点，合成了声调核从第一莫拉向第二莫拉转变的刺激连续统，并且运用此刺激连续统对日语本族语者、有日语学习经验的韩语声调方言本族语者、有日语学习经验的韩语非声调方言本族语者，进行范畴性感知的识别实验。实验结果表明，与日语本族语者及有日语学习经验的韩语声调方言本族语者相比，有日语学习经验的韩语非声调方言本族语者对刺激连续统划分的范畴的离散性更低，从而证明了除听音人的母语共通语外，母语方言背景也会对日语声调的范畴性感知模式产生影响。

第四章 日语的语篇与语体研究

除了语音、词汇、语义、语法、文字标识这些以文字形式呈现的静态文章之外，语言运动的产物还包含表达和理解的动态过程，即话语。本章内容为日语的语篇与语体研究，分别介绍日语语篇和日语语体。

第一节 日语语篇

文章和话语都是具有连续语体、意义相对完整、大于句子的言语单位，统称为"语篇"。但是，语言往往是根据话题内容、参与者的关系、使用媒介等语境的不同，在语音、词汇、句法、修辞等层面呈现不同的风格和特点。而相同语境的话语或者类型相同的语篇都具有一系列典型的表达特征，这在日语中被称为「表現」，而汉语和英语从普通语言学的角度称其为"语体"。[1] 在语言交际中，篇章是实际的运用形态，也是语言中最具体、最大的语言单位。篇章是由若干个句子组成的，不仅承载着一定的信息，还是发话人语用手段、认知方式的反映。篇章有书面语篇章、口语篇章两种。无论是哪一种篇章，都包含衔接与连贯、信息组织以及视点等层面。下面对其予以详细探讨。

一、篇章的衔接与连贯

衔接是指通过词汇、语法手段实现句际组合的篇章组织形式，主要包括指称与照应、替代、省略、词汇衔接和语法衔接等。连贯是指通过语义手段实现句际组合的篇章组织形式，主要指语义关联。

（一）照应

照应（「照応」）是指用这句话中的指示词指代另一句话中的某个成分，从而

---

[1] 尹航.汉日语言差异下的日语语言学研究[M].北京：九州出版社，2018.

彼此呼应，形成语义上的对应。照应主要分为以下几种。

1. 内照应

若能在篇章内找到指代词指代的对象，则二者之间形成内照应。根据指代词与指代对象的位置关系，内照应又可分为以下两种。

（1）前照应，即指称对象位于指代词之前。举例如下。

私、働きながら、二部に通いたいの。これはずっと前から心に決めていたことなの。

上例中，「これ」指代的是前面的「働きながら、二部に通いたい」，二者彼此照应。

（2）后照应，即指称对象位于指代词之后。举例如下。

こんな夢を見た。

该例中，「こんな」指代的是后面的全部内容。

2. 外照应

外照应是指代对象不在篇章内或语境之中，而暗含于交际双方共有的信息之中的照应。举例如下。

え、社長に怒られちゃった？

显然，「社長」是言语双方熟悉的特指对象，即使语篇内不用指代成分，其照应关系依然非常清晰。

3. 零照应

零照应是指篇章内既没有指代对象，也没有指代词，但却形成了客观存在的照应关系。例如，事件が…その犯人は…

本例中，「事件」「その犯人」明显存在着照应关系，但是它们本身既属于指示项，又属于参照项，整个语篇中并不存在其他指示性成分对它们进行指示，同时也没有其他成分可以供它们做语义上的参照，这就是零照应。

4. 直指

直指是只有身处当时的语境中才能知道篇章中的指代词指的是什么。举例如下。

あいつはこんな顔してる。

显然，只有置身这一语境中才能知道「こんな顔」是什么样的脸和表情。

5. 指称转移

顾名思义，指称转移就是字面所指与实际所指不同，发生了转移。举例如下。

わけもないのに何で人をにらみつけるのか。（这里的「人」指的其实是第一人称"我"）

（二）替代

替代（「置換」）就是用某一成分代替前文已经出现的成分。日语替代主要有两种。

（1）名词性替代，即替代名词。举例如下。

今日は5月2日か。去年の今頃はアメリカだったなあ。

（2）动词性替代，即替代动词。举例如下。

図書館はどこにありますか。あそこです。

（三）省略

省略（「省略」）是指在本来应该替代前后文信息的地方没有出现替代词。需要注意的是，省略不能脱离语境进行，而且只有旧的信息可以被省略，新信息不能被省略。根据省略成分的性质可以将省略分为以下三类。

（1）动词性省略，即省略名词性成分。例如，悠樹：昨日、あなたの絵、見て。遙：私の絵？どこで？

（2）名词性省略，即省略名词性成分。例如，悠樹：あの「陰影」、消えちゃってる？遙：消えてない。

（3）分句性省略，即省略名词性成分。例如，辛くはないかい，別に。

（四）词汇衔接

词汇衔接是通过运用一些词汇手段使篇章的语义、信息等保持一定的连贯。一般而言，词汇衔接包含以下两种。

（1）复现，即同一个词或近义词，又或者是上下义词、整体与部分关系词在篇章中重复出现。举例而言：

余も三十年の間それを仕通して、飽き飽きした。飽き飽きした上に…

（2）同现，即反义词或语义互为补充的词在篇章中同时出现。举例如下。

前を見ては、後えを見ては、物欲しと、あこがるるかなわれ。

（五）语法衔接

语法衔接是通过一些具有衔接功能的连续词或者其他手段使得两个及两个以上的句子连接在一起，从而形成一个完整的篇章。语法衔接主要有以下几种类型。

（1）顺接型，即利用表示因果、先后等关系的接续词来实现篇章衔接，如「すると」「だから」「のだ」等。

（2）逆接型，即利用表示转折、相反、让步等关系的接续词来实现篇章衔接，如「（それな）のに」「だが」等。

（3）对比型，即利用表示对比的接续词、副词等语法手段来实现篇章衔接，如「それに対して」「況や」等。

（4）添加型，即利用表示并列、累加、递进等关系的接续词来实现篇章衔接，如「それに」「かつ」等。

（5）转换型，即利用具有转换作用的语法手段来实现篇章衔接，如「ところで」「それでは」等。

（6）补足型，即保全语脉或补充说明的一种篇章衔接方式，如「これは」「ちなみに」等。

（7）等同归结型，即利用具有例证、解释、归结等作用的语法手段来实现篇章衔接，如「たとえば」「現に」等。

（六）语义关联

语义关联是通过句子与句子之间的语义关系、逻辑关系等衔接篇章的一种方式。语义关联是一种无形的形式，其主要包含以下三种。

（1）题述关系，即上下文之间是话题与解说的关系。举例如下。

余が欲する詩はそんな世間的の人情を鼓舞するようなも。

のではない。俗念を放棄して、しばらくでも塵界を離れた心。

持ちになれる詩である。

（2）引用关系，即句间穿插语义相关的引用句。举例如下。

陸自先遣隊がイラク入りする際に通過したクウエート国境に各国兵士が英語でつづった落書きでいっぱいのトイレがある。

（3）对应关系，即口语交际中的应答。举例如下。

もらってもいいんですか？いいとも。持って帰って捨てるだけなんだから。

二、篇章的信息组织

篇章这一语义单位往往会承载着一定的信息。篇章中的信息主要包含新旧信息、信息领域等内容，下面逐一进行说明。

（一）新旧信息

所谓新信息，即未知信息或篇章中新出现的信息，通常用「が」「という」「って」等词来提示。所谓旧信息，即篇章中或明确或间接出现的信息，也包括常识和一些不言而喻的东西，通常用「は」提示。举例如下。

あなたのふるさとはどこ？

幸村さんという人から電話があった。

第一个例句中的「あなたのふるさと」为旧信息，而「どこ」为新信息。第二个例句中「という」为新信息。

需要注意的是，信息的新旧通常是从发话人的角度来说的，但有时发话人考虑到受话人对信息新旧的理解也会采用不同的表达方式。

（二）信息领戚

信息领域就是信息的归属。当篇章中的信息是发话人知道而受话人不知道的，该信息归属发话人；相反则归属受话人；若双方都知道，则属于双方共有；若双方都不知道或不确定，则不属于任何一方。在交际中，交际参与者必须根据自己的信息领域进行表达，否则就会侵犯对方的信息领域。举例而言：

お誕生日は1月31日です。

在这句话中，对方的生日本属于对方的信息领域，发话人用如此肯定的语气进行陈述，显然侵犯了对方的信息领域，实为不妥。为避免这类情况发生，发话人应该注意以下几种篇章策略。

（1）用「よ」表示自己独有的信息领域或收回自己的信息领域。举例而言：

あの子は太郎だよ。

私の計算は間違ってないよ。

（2）用「ね」主动放弃自己独有信息领域或向受话人求证信息，也可以用来表示共有的信息领域。举例如下。

ここはすごく暑いね。

王さんは日本に土地を買うらしいね。

（3）用「ようだ・そうだ」等助动词或一些委婉表达表示信息领域属于对方。举例而言：

今日はお疲れていらっしゃるようですね。お子様は来月ご入園だそうですが…

三、篇章的视点

（一）视点的相关概念

视点就是发话人观察事物的视角和立场。用不同的视点看待同一事物会产生不同的看法，对应不同的语言表达方式。举例如下。

（1）幸村が健太郎に道を教えた。

（2）幸村が健太郎に道を教えてやった。

（3）幸村が健太郎に道を教えてくれた。

（4）幸村が健太郎に道を教えてもらった。

（5）幸村が健太郎に道を教えられた。

上面五个句子中，都表达了"幸村给健太郎指路"这一事实，（1）的表述比较客观，视点投向幸村，但主观并不倾向于健太郎。（2）「てやる」表示发话人视点和主观倾向都朝向幸村。（3）「てくれる」和（4）「てもらう」以及（5）被动表达都表示发话人视点和主观倾向均朝向健太郎。这种主观倾向被认知语言学称为"移情作用"。移情有程度差别，这被称为"视点级差"。例如，（3）和（4）尽管都移情于健太郎，但（3）的移情度就比（4）要高。

了解日语的人都知道，日语中对同一个意思有很多种相似的表达方式，这些表达方式很大程度上反映的就是移情度高低的差别，因此了解视点极差以及掌握移情度对日语的学习、使用与研究都十分重要。发话人必须根据自己的视点选择恰当的表达方式，使自己的视点、移情度、移情方向保持一致，否则表达就难以成立。

（二）与观点相关的几个原则

首先，要坚持主人公中心视点原则。主人公中心视点是指发话人的视点应投向主人公，以主人公为中心。主人公或是自己，或是第三者。若是自己，就采用自我中心视点；若是第三者，则将自己和主人公融为一体，借用主人公视点。

其次，要坚持情感主体与视点一致性原则。既然一切表述均以主人公为中心，那么篇章中的人物情感应该是主人公的情感，须与句子视点保持一致才行。

最后，要坚持视点一贯性原则。日语篇章通常从头到尾都采用一个视点，因此在情感表达等方面也应做到视点一贯，避免视点变换频繁导致的阅读不便。

第二节　日语语体

具有相同典型表达特征的话语和语篇就是语体。而语体有广义和狭义之分。广义的语体包括各种实用语体、口语体和书面语体、简体和敬体。狭义的语体只包括各类实用语体。本书主要从广义语体的角度对语体进行分析和概述。

一、文艺语体和实用语体

根据话语领域的内容范围，日语语体可以大致分为实用语体、文艺语体两大类。其中，实用语体包含事务语体、科学语体、新闻语体、广告语体等；文艺语体包含小说、诗歌、散文、戏剧四大体裁。下面就对这两大类做具体分析和探讨。

（一）文艺语体

文学语体多形象生动、词汇广泛、句式多样，表达形式新鲜活泼，修辞使用较为频繁，从而能更好地满足读者的审美需求。不过，同为文艺语体，小说、诗歌、漫画等不同的体裁又有着各自不同的特征，即使同一部作品，如长篇小说中，由于表述对象或作者本人风格不同，也会出现语体风格上的变化。

（二）实用语体

如前所述，实用语体包含事务语体、科学语体、新闻语体和广告语体。下面对其逐一进行分析。

1. 事务语体

事务语体包括与政府机关、社会团体、企业等单位相关的文件、公告、计划、证明等实用性语篇。其功能是在社会中传递信息，为社会生活和经济活动服务，通常具有文字简明、准确，表达完整、庄重，格式固定，有惯用语，语言正式程度高，采用条款式表达等特点。具体而言事物语体一般具有如下特点。

（1）根据场合的不同形成了一些习惯用语或固定格式。

（2）语言具有很高的正式程度，切忌使用生活化的口语词。

（3）行文往往包含一些习惯使用的古语成分。

（4）往往会使用条款式表达。

2. 科学语体

科学语体中涉及的通常是客观知识、规律，要求准确系统的论证、规范的格式和逻辑的思维，杜绝一切主观臆断，因此科学语体往往不像文学语体那样辞藻华丽、新奇有趣，而是用最简明的语言、陈述的语气和严谨的逻辑将知识传递出来。根据读者对象的不同，科学语体可以分为专业科学语体与通俗科学语体。

专业科学语体是典型的科学语体，其中包含学术论文、专著、科研报告等。一般来说，作者与读者之间往往具有共同的专业知识背景，因而可以使用大量固定的、含义明确的专业术语。例如，日语语言学术语「鏡像語」「共起」等。科学语体往往句法严密性强，句式也比较完整，采用较多的复合长句，尤其是被动句或长定语句。整个语篇多采用现在时态，也会较多使用图表等视觉表达手段。

通俗科学语体主要用于产品使用说明、科普读物等，目的是向不具备专业知识的读者传授各种科学现象，对科学知识进行普及。因此，这些通俗科学语体的文章往往会避开过度深奥的科学术语，尤其是避免复杂的长句。不少文章的句尾形式往往是「です・ます」体。例如，杉浦司著的「これから始めるパソコン通信」，延利之著的「よくわかる言語学」等，都采用了通俗易懂的讲课式语体，除了在句尾应用了「です・ます」体外，还使用了口语体连续词「でも」、终助词「ね」「よね」等。

3. 新闻语体

新闻语体通常包括电视、广播、报刊等大众传媒，其特点包括以下几个方面。

（1）多用缩略词和简明的表达，以尽可能快地传递信息给受众。

（2）由于涵盖范围广，新闻语体中多见行业术语。

（3）为了吸引读者的注意力，新闻中常用新词、流行词，并将重要信息放在前面，将附加信息放在后面。

（4）为了便于阅读，新闻标题多有省略，常用名词、助词结句。

根据表达方式不同，新闻语体可以进一步细分为三类：叙述文，如新闻通讯；描写文，如纪实报道；议论文，如社评。这三种体裁也有各自不同的特点，需要我们细细体会。

新闻语篇的功能主要是为了传达信息，因此语言表达的两大特征就在于采用直接引语或者间接引语。例如，采用「～によると、～という」「～ことが分かった」「～ことになった」「～予定だ」「～と見られる」等。

新闻语篇的标题在语言形式上往往使用较多的省略，多使用助词与名词，多使用超时体动词。举例如下。

消費者保護を規定

農村の学校改変に協力

4. 广告语体

大多数广告是以盈利为目的的商业广告，其目标是引人注目、促进行动。受时间、费用限制，广告语篇往往短小简洁，多为一句话，甚至是一个词。为了激发受众的购买欲望，广告中多用褒义词、新造词和大量的修辞手段。另外，为了突出新意，吸引消费者注意，广告还经常打破常规表达范式，利用汉字、假名制造新奇的效果，这些都是广告有别于其他语体的鲜明特征。

如前所述广告语体的最大特点在于短小，往往仅仅包含一句话，甚至是一个词组。例如：暮らしに安心なこだわりのお水を。这便是一个净水器广告的广告语。

二、口语体和书面语体

语体的选择会受到语境的影响，其中语境中的话语方式对语体选择有着重要作用。就语言媒介的角度来说，可以将语体分为音声语言（「音声言語」）与文字语言（「文字言語」），前者以听觉、视觉等语音作为媒介；后者主要以文字作为媒介。简单来说，前者主要通过说、听来进行沟通，后者通过书写和阅读进行沟通，因此前者被称为"口语（「話し言葉」）"，后者被称为"书面语（「書き言葉」）"。当然，包含词汇特征在内的口语与书面语存在不同的语体特征，也就形成了不同的"口语体"与"书面语体"。下面对其逐一进行说明。

（一）口语体

口语体以声音为媒介，需要有听者存在，通常包括对话、讨论、辩论、演讲、致辞、广播等形式。在对话、讨论、闲谈等口语中，由于参与者是面对面的交流，因此语境感较强，共有信息较多，交际者常使用指示语、缩略词、省略句、性别语，「ね」「よし」「はい」「そうですか」等词语出现较多，并存在话题转换。而演讲、致辞、广播等口语表达相对正式，再加上听者不参与谈话，因此很少使用省略、性别语、语气词等，尽管如此，其正式程度还是比书面语要低。

当然，以上特征并非绝对的，无论是有互动的谈话还是没有互动的谈话，语言的实际使用还要根据具体语境、交谈对象等因素而定，不是一成不变的。

（二）书面语体

书面语以文字为媒介，需要读者存在，通常包括文学文章和实用文章。与口语体不同的是，书面语体的读者并不在眼前，因而很难依赖语境传递更多信息，这就要求其措辞更加精确，句式更加严谨，表达更加完整、规范。另外，在词汇的使用上，由于书面语是靠视觉辨识的，因而同音词和音读汉字的使用频率较高，还有一些同字异音词在口语中多采用训读，而在书面语中则多采用音读。除此以外，为了使语言更加直观，书面语中的复合词化现象也很多见。

（三）口语体和书面语体的比较

通过上述内容可以看出，口语体和书面语体无论在措辞、句法还是整体风格上都有很大的不同。现将这些不同总结如下（表 4-2-1），以便人们更好地理解这两种语体。

表 4-2-1　口语体和书面语体的区别

	口语体	书面语体
记录保存性	低	高
表达、结构的完整性、严密性	低	高
正式程度	低/高	高
解读难度	高	低
表达的简便度	高	低

三、简体与敬体

日语中最常用的句尾形态有「だ」体、「である」体和「です・ます」体。其中，「だ」体和「である」体是简体，「です・ます」体是敬体。日语中将简体与敬体称为「文体」，其使用主要依据是交际者是否意识到或如何看待交际双方之间的关系。

（一）日语文体的等级

根据语言表达的正式程度，日语文体一般分为三个等级：简体、敬体和最敬体，如表 4-2-2 所示。文体的选用受很多因素的影响，如说话人和听话人的关系、交谈场景、话题类型等。显然，语境越郑重，选择的文体越正式，礼貌程度也越高。因此，生活口语中多用简体，一般性书面语中多用敬体，而商业服务、致辞演讲等场合中多用最敬体。

表 4-2-2　日语文体的语言形式与分类

	简体	敬体	最敬体
名词	である/だ	です	であります/でございます
ナ形容词	である/だ	です	であります/でございます
イ形容词	基本形	です	であります/でございます
动词	基本形	ます	ます

需要注意的是，无论是口语体还是书面语体，日语各语篇类型与文体并非绝对的一对一的关系，有时一种语篇类型可能对应多种文体，如表 4-2-3 所示。

表 4-2-3　文体的选用与语篇类型

	だ	である	です・ます	であります	でございます
闲聊	O		△		
交谈、发言、讲课		O			
演说、致辞			O	△	

续表

	だ	である	です・ます	であります	でございます
待客服务			O		O
日记	O				
小说、报刊	O	O	△		
论著		O			
童话、女性期刊			O		
公告、通知			O		
书信、电子信函			O		△

（二）日语文体的切换混用

一般来说，日语语篇（包括口语和书面语）要求语篇内保持文体一致。但在实际的口语表达和部分书面语中，文体的切换混用时有发生，这种切换混用主要包括以下三种情况。

1. 简体谈话中夹杂敬体

简体谈话通常发生在家人、朋友等关系亲密的人之间，若夹杂了敬体，一般有两种可能：（1）开玩笑；（2）谈话过程中关系由亲转疏，如发生口角，此时使用敬体多具有嘲讽的含义。

2. 敬体谈话中夹杂简体

敬体谈话通常发生在正式场合和关系不亲密的交际者之间，若夹杂了简体，一般表示话语并不直接指向听者，而是发话人抒发自己的感叹、整理自己的思路等，对听者的存在没有意识。

3. 简体文章中夹杂敬体

无论是报刊还是专著，传递的都是背景化信息（面向特定读者的通俗启蒙读物除外），很少有直接面向读者的主观表达，因此常使用简体，若夹杂了敬体则通常是向读者发出了某些主观信息，如致谢、请求等。

四、敬语表达

根据交际双方、话题人物之间的亲疏、权势关系来选择合适的语言表达是日语口语的一大特征，这被称为「待遇表現」。敬语是「待遇表現」中一个重要的组成部分，它是语言上的一种定型表达：名词和形容词往往可以借助前缀「お～」

「ご~」转化为敬语，动词也有相应的敬语派生方式。可以说，敬语体系不仅仅是日语语法的一大特征，更是日语这种语言的重要特点。

关于敬语的类型，一般认为可以分为五种：尊他语、自谦语、礼貌语、恭谨语和美化语，如表4-2-4所示。

表4-2-4 日语敬语的分类及功能

分 类	功 能
尊他语	抬高话题中行为主体的身份，以显示说话者与行为主体的距离
自谦语	降低话题中行为主体的身份，以抬高行为对象的身份，由此显示说话者与行为受体的距离
礼貌语	表示说话者对听者的礼貌
恭谨语	降低话题中行为主体的身份或客气地表达话题中的事物，以表示说话者对听者的礼貌
美化语	客气地表达话题中的事物，以显示说话者的教养

另外，敬语的使用条件可以总结为如下几点。

（1）交际场合的正式程度，这是敬语使用的第一条件。关系亲密的交谈对象，正式场合中也应使用敬语，非正式场合中则可不用敬语。

（2）交际双方的社会距离，如地位、身份、年龄等。一般来说，对长辈、前辈、上司等人需要使用敬语。当社会距离相同时，由亲疏关系决定是否使用敬语。

（3）交际双方的心理距离，如亲疏关系、内外关系等。例如，对外人谈论自己家人、公司时，无论己方的社会地位如何，都应使用谦语；而对自己内部的人，则要依据第一条来使用敬语。

（4）职业因素。职业敬语是一种绝对敬语，它反映了一定的强弱关系，主要表现为商务、服务业对客人，一般人对医生、教师、律师等。

第五章　日语语用语言学与社会语言学

在日语中，语用语言学和社会语言学对社会交际有着重要的影响。语用学，顾名思义就是研究语言运用的学科，社会语言学则是从社会的角度对语言的使用进行研究。本章分别介绍日语语用语言学和日语社会语言学。

第一节　日语语用语言学

语用学（pragmatics），又称"语言实用学"，是一门系统性的学科，也是语言学分支学科中的一个新兴领域，它主要是研究语言的意义以及对语言的理解和运用。本节主要从语用学的概述出发，对日语语用语言学的相关理论展开分析。

一、语用学概述

语用学，顾名思义，就是对语言使用中的现象与规则进行研究的学科。随着跨文化交际的进行，语用学研究也呈现出兴旺之势。日本对于西方语用学理论的译介工作开展得比较早。1978年坂本百大将奥斯汀的言语行为理论的名篇 How to Do Things with Words 译成了日语并出版，译名为《言語上行為》。1980年出版的毛利可信《英語の語用論》一书，成为介绍言语行为的开山之作。真正将语用学理论运用于口语研究的著作是1990年出版的小泉保的《言外言語学—日本語語用論》。1998年9日本语用学会成立，小泉保出任会长。该学会每年定期出版学术刊物《語用論研究》，并于每年12月第一周的周六定期举办日本语用学大会。

（一）语用学的定义

由于不同学者研究角度的不同，对语用学定义的阐释也有所区别。

1. 研究发话人的意义

从发话人的意义对语用学进行的定义主要包括以下几种表述。"莱文森（Levinson，1983）认为，语用学是研究语言结构中被语法化或被编码的语言和语境之间的关系。托马斯（Thomas，1995）认为，语用学是研究发话人和听话人之间交互的意义。坎培森（Kempson，1975）认为，语用学是发话人通过寻找合适的言语而完成交流的过程。"[①]

上述几个学者的观点都是从发话人的角度阐释的。语用学研究的是发话人传递信息和听话人理解信息的过程，也就是语言的生成与理解过程。话语的生成是其中的关键部分，因此从发话人的角度进行分析具有重要的意义。

第一，从发话人的角度进行分析能够明确交际者的真实意图，如请求、建议等，从而为后续语言的理解做充分准备。

第二，从发话人的角度进行语言分析能够看出发话人对语言、语境、语用要素的处理，从而体现出发话人的语用态度、语用策略和语用移情等。

2. 研究听话人的理解

从听话人的角度进行的理解又被称为"话语理解"，其也是语用学研究的重要环节。从听话人角度对语用学进行定义的阐释主要包括以下几种："格林（Green，1996）认为，语用学是一种以研究人类行为为目的的学科；尤尔（Yule，1996）认为，语用学是研究如何使听话人达到理解的最大化的一门学问。"[②] 在进行话语理解的过程中，发话人只是对话语的表面含义进行传达，听话人需要在话语的基础上进行推理和判断，从而进行深入的语言理解。具体来说，对听话人的理解需要包括以下几个层面的内容。

第一，研究发话人的话语特征，从而为后续的语言理解奠定基础。

第二，研究发话人如何利用语境来阐释自身的交际意图。

第三，研究听话人对发话人言语行为产生的误解及其影响。

3. 研究语境与意义间的关系

语境是影响话语传递的重要因素，在交际中有着重要的作用。交际双方的话语都是在特定语境的作用下完成的。因此，从语境和意义间的关系进行语用学研

---

① 陈小苗，黄赛芳. 日语语言解析与日本文化透视 [M]. 北京：中国商业出版社，2018.
② 陈小苗，黄赛芳. 日语语言解析与日本文化透视 [M]. 北京：中国商业出版社，2018.

究和定义也是其中的重要切入点。

"尤尔指出,语用学是一门研究语境意义的学科。利奇(Leech,1983)认为,语用学可以被定义为研究话语在特定形势下的意义。"①

根据上述两个学者的观点可以看出,语用学研究的是话语如何在不同的语境作用下产生意义。

4. 语用综观论

从语用综观论的角度对语用学的定义的阐释也是语用学研究的重要角度。

"格林(1996)认为,语用学是一门与语言学、认知心理学、文化人类学、哲学、社会学、修辞学等相互交叉的学科;维索尔伦(Verschueren,1995)认为,语用学虽然是语言的一个新兴领域,但是并不是和其他学科划清界限的,从功能性角度来说,语用学和认知、社会、文化功能的复杂性息息相关。"②语言作为一种交际性工具,在使用过程中必然会与其他学科产生一定的关联性。因此,从不同学科的角度对语用学定义也是一种新的思路。

(二)语用学的研究

语用学研究的发展是时代和语言研究的必然趋势。近年来,语用学研究势头上升,得到了很多专家学者的关注,其研究内容和研究方向也得到了扩展。

1. 跨学科语用学的出现

上文中从语用综观的角度对语用学的定义进行了阐述,可以看出语用学研究有着跨学科的发展趋势,这是语用学研究本质所决定的,也是社会发展对语用学研究的要求。具体来说,跨学科语用学主要有以下几种研究趋势。

(1)语用语言学(pragmatic-linguistics):研究语言本身的语用问题。

(2)跨文化语用学(cross-cultural pragmatics):研究语用与文化关系。

(3)社会语用学(social pragmatics):研究语用与社会关系。

(4)认知语用学(cognitive pragmatics):研究语言与心理认知关系。

(5)发展语用学(developmental pragmatics):研究母语语用能力习得。

(6)语际语用学(interlanguage pragmatics):研究外语语用能力。

(7)文学语用学(literary pragmatics):研究文学作品语言。

---

① 陈小苗,黄赛芳. 日语语言解析与日本文化透视[M]. 北京:中国商业出版社,2018.
② 陈小苗,黄赛芳. 日语语言解析与日本文化透视[M]. 北京:中国商业出版社,2018.

2.跨学科语用的主要研究

由于语用学研究范围的广泛性，其在与众多学科结合的过程中形成了新的语用研究特色。下面主要介绍几种跨学科语用研究内容。

（1）语用语言学

语用语言学主要研究的是语言形式的语用属性，如词汇、语言结构等。这种学科属于语用学、语法学和语义学的跨文化研究。其主要内容包括以下几个方面。

①一些句子的歧义应如何排除。

②一些语用含糊现象的分析与观察。

③一些与特定的言语行为有关而在遣词达意时可能出现的词汇变异。

（2）跨文化语用学

跨文化语用学是从语用与文化的关系入手，研究实际交际过程中，因文化背景和语言使用的差异性而对语言交际产生的影响。文化与语言息息相关，跨文化语用学的研究能够使交际者了解跨文化交际中的注意点，从而有利于减少语用失误，促进交际的顺利进行。

（3）认知语用学

认知语用学主要研究的是交际过程和认知过程中的问题。在交际过程中，交际者需要通过找到说话人话语和语境之间的最大关联，从而利用逻辑进行推理判断，才能提高话语理解的准确性。认知语用学的研究为交际提供了认知心理学方面的依据，同时也为语用推理提供了一定的可行性依据，在一定程度上能够促进交际的进行。

（4）语际语用学

20世纪80年代，语际语用学作为一种新的语用学研究方向而兴起。在研究过程中，语际语用学创造了自己的研究成果，主要包括下面几个内容。

①非母语使用者的言语行为。

②目的语语用能力的形成和发展。

③情景因素对语言形式和言语策略选择的影响。

④教学对目的语语用能力形成和发展的作用。

⑤非母语使用者对目的语的言外之意和礼貌的判断和理解。

（5）社会语用学

社会语用学，指的是对语言在社会中的使用状况进行研究的学科。在社会交际中，交际者需要使用一定的交际策略和交际技巧保证交际的顺利进行。社会语用学就是对这些策略和技巧的研究，同时还关注社会和文化之间的相互作用关系。

有学者指出，社会语用学的研究内容包括语境和语言交际中的会话策略，语言和社会的认同，社交中的礼貌、谈话的声音、会话的标记、对话的方式、交谈的文化等。许多社会上正在使用的语言以及为不同目的而出现的专业语言都属于社会语言学研究的范畴，如工作类语言、教育类语言、翻译类语言、政治类语言、广告类语言、体育类语言等。

二、语用指示语

指示语（deixis）是语用学中的重要概念，其在言语活动中发挥着重要的影响作用。它能够说明语言和语境之间的密切关系，并随着语境的变化而发生一定的改变。要想理解语言和研究语言，就必须从一定的语境出发，而指示语能够通过语言结构对语言与语境之间的关系进行反映，尤其是语言使用与理解，往往需要语境的参与。因此，从狭义层面上来说，语用学就是对指示语进行研究。

指示语和人们的生活有着密切的关系。指示及指示性是自然语言中不可避免的一种现象，是自然语言固有的特征。在日常交际中，人们90%以上的话语都会涉及人物、时间、地点等知识信息。只有对这些指示信息有一个明确的了解，人们才能更加完整、准确地理解话语意义。

一般来说，指示语主要包括人称指示语、时间指示语、地点指示语、语篇指示语以及社交指示语五个方面。举例而言：

部長にお願いしたいことがあります。（人称指示）

あのとき雨がよく降っていたなあ。（语篇指示）

下面具体介绍不同的语用指示语。

（一）人称指示

例1，わたしは毎日牛乳を飲みます。

假设说话者向对方讲了例1这句话。那么其中的「わたし」无疑指代说话者自己。如果说话者是「大郎」，则「わたし」就是「大郎」；而如果说话者是「花子」，则「わたし」便是「花子」。

日语的人称指示中，指代说话者自己的第一人称代词有「わたし」「ぼく」「おれ」等，指代对方的第二人称代词有「あなた」「きみ」「おまえ」之分，而指代话语中的人物，即第三人称的「かれ」「かのじょ」，实际上是日本明治初期受英语"he""she"的影响而出现的近代译词。所以第三人称也常用「秋子」「京子」这样的人名或「こそあ」系列的指示代词充任。例如，指代人的「このひと・そのひと・あのひと」以及指代物的「これ・それ・あれ」。

另外，日语第二人称代词「あなた」「きみ」「おまえ」主要用于相互比较熟悉的同辈或上对下之间。如果言语交际者之间的年龄、身份、地位等有差别时，也采用身份词语进行交际。例如，下对上多使用「社長」「課長」「先生」等职务名称，反之，则直呼其名，当然后面一般加「君」或「さん」。

例2，課長さんにお願いしたいことがあります。（下对上）。

例3，高橋君に頼みたいことがある。（上对下）。

这些人称指示词的区别使用，是言语交际者之间亲疏远近关系的鲜明写照。而且同一说话者与同一听者，也会因场合的不同而相应地改变指称。

（二）时间指示

一般认为，时间如流水，由过去经现在向未来流动。从日语语言的具体运用考察来看，对于时间的认识可分为两种，即时间移动型（空间固定不变）和空间移动型（时间固定不变）。

所谓时间移动型是指时间由未来经现在向过去流动，顺序如下：（あと）未来→現在→過去（まえ）。这一类型的时间指示词语如下。

来年（未来から「来る年」）、去年（過去へ「去った年」）、来週（これから来る週）、先週（先に去った週）、来月（これから来る月）、先月（先に去った月）等。

所谓空间移动型时间指示，则恰似空间号宇宙飞船，由今日站，驶向明日站、后日站一般，即由过去走向未来，而时间则固定不变。顺序如下。

過去（あと）→現在→未来（さき）

例1，三日先に入学試験をひかえています。

例2，「あんなあ、俺なあ、これから先のこと、ちょっと考えとるんや」蒸し暑い夏の夜、蚊帳の中で布団を並べて寝ていると、春男が言った。

这里的「三日先」「これから先」中的「先」是指示未来的时间；而前述时间移动型指示词语中的「先週」「先月」中的「先」是指示过去的时间。同一词语「先」既可以表示过去也可以表示将来，典型地反映出两种不同的时间认知方式并存于日语当中。

（三）地点指示

典型的地点指示是说话者对周围事物的指称，以及以说话者为中心的空间场所、方向、状态指示。

对周围事物的指称一般称作指示代词。与汉语的"这""那"两项指示不同，日语的指示代词由近称「これ」、中称「それ」、远称「あれ」三项构成。研究分析表明，这三项指示属人称型指示如下。

近称「これ」：指示说话者范围内的事物。

中称「それ」：指示听话者范围内的事物。

远称「あれ」：指示说话者与听话者范围之外的事物。

此外「この～その～あの～」可以和「これ、それ、あれ」相互置换。

关于日语的空间场所、方向、状态指示，同上述指示代词一样，也是由三项构成，分别如表5-1-1所示。

表 5-1-1　日语的指示代词

场所指示	ここ、そこ、あそこ
方向指示	こちら、そちら、あちら
状态指示	こんな、そんな、あんな、このような、そのような、あのような

（四）语篇指示

语篇指示，顾名思义是指一组会话或一篇文章内所使用的指示词语。一般包括「この、その、あの」系列的地点语篇指示和时间语篇指示等。

地点语篇指示除「前、後」「左、右」等空间词语外，大多使用「この、その、あの」系列词语。例如,「この辺ではもちろん農業は致しますけれども…」

日语中的时间语篇指示用「いま」表示现在,用「このとき」「そのとき」「あのとき」表示现在以外的其他时间。关于未来的时间语篇指示，一般采用「そのとき」；而有关过去的时间语篇指示则由「そのとき」「あのとき」承担,当说话者有意识将其拉近并当作身旁之事看待时,则故意采用「そのとき」指示。

此外,「そのとき」「あのとき」的区分使用与说话者、听者是否共有同一信息等密切相关。一般用「あのとき」指代双方共知信息或用于回忆某事,「そのとき」指代非共知信息。举例如下。

例（1）「今あっちこっちで日本脳炎が流行ってるけん、気いつけんばいけんたい。」（现在）

例（2）「来週、日本文化論の授業がありますね。そのときまた会いましょう。」（未来）

例（3）夫:「結婚式は3月の末だったなあ。」
　　　　妻:「そうよ。あの時は桜が満開だったわ。」（共知信息）

例（4）「あの時雨が良く降っていたなあ。」（回忆）

例（5）父:「昭和20年8月15日に、太平洋戦争が終わったんだよ。」
　　　　子:「そのとき、お父さんはどこにいたの。」（非共知信息）

（五）社交指示

社交指示是指言语交际中以说话者为基准的、体现会话参与者社会身份的词汇或语法范畴。日语中的敬语表达方式承担着社交指示的重任。例如，对听者表示礼貌的句尾形式「です」「ます」；对听者或话题中涉及的人物表示敬意的尊敬语、自谦语的使用。

日语中独特的授受动词,即「くれる-くださる、もらう-いただく・やる-あげる」及其相应的补助动词「Vてくれる-Vてくださる、Vてもらう-Vていただく、Vてやる-Vてあげる」，均是以说话者为中心，表示授予、接受或恩惠的关系，在社交指示方面起着不可低估的作用，也是历来日语研究的热点之一。

三、会话含义理论

在日常生活中，会话是用于传递与获取信息的一种重要途径和方法。在会话中，词语除了具备表面含义外，还往往具有隐晦的深层含义。这种深层含义往往是根据语境推导出来的，因此又称"会话含义"。会话含义是言语交际中的一种间接性的表现形式，它并不侧重人们表面上说的什么，而是侧重人们这样说到底是传递什么意义。会话含义理论对人际交往有着十分重要的意义。

会话含义理论是由哲学家格赖斯在1967年哈佛大学讲座中提出的，并且这一理论对语用学的研究有着重大意义。所谓"会话含义"，是指听话者根据语境或者上下文进行推理而获得的字面含义之外的深层语用意义，即人们平时所说的"弦外之音"或"言外之意"。

（一）合作原则

合作原则是会话含义的重要内容，主要包括量准则、质准则、关系准则、方式准则几个内容。其中量准则指的是所说的话应该提供符合交谈目的需求的信息，同时所说的话不应超出需要的信息。质准则指的是不说自制虚假的话，不说缺乏足够证据的话。关系准则指的是所说的话应该是相关的。方式准则指的是话语应该避免晦涩、避免歧义，简练、有条理。举例如下。

合宿の後も、これは大きな争点になっていく。
だれか一人が決めるのはおかしい。
真理さんが編集長になるにのは反対です。
はっきりと、そう言われた。

上例中，画线部分实际违反了"说话要清楚明白"这一方式准则，它在字面意义上虽然是客观的描述，但通过上下文叙述，可以明白其实针对某一独断专行的人的责难，即「真理さん一人が決めるのはおかしい」。换句话说，不定称的「だれか一人」在这里是具体所指，即「真理さん」，泛泛而论的「だれか一人が決めるのはおかしい」是一个典型的间接表达形式，并没有直接说明发话人的含义。

（二）礼貌原则

礼貌原则主要包括得体准则、宽宏准则、赞誉准则、谦虚准则、一致准则和同感准则。在此，以得体原则为例进行说明。举例如下。

他者の負担を最小限にせよ。

他者の利益を最大限にせよ。

在强制与承诺时，应该保证话语的得体性。显然，上述例子符合得体原则。

（三）日语中的得体表达

日语中的敬语是尊敬他人的语言表达方式，自然属于礼貌表达范畴之内，但是敬语形式本身并非代表所有的礼貌表达。传统的敬语表达一般体现的是纵向的人际关系，即上下尊卑为主的传统模式，而现代生活中人与人之间的关系日趋平等与相互尊重，因此横向关系的礼貌表达日益受到重视。

山冈政纪在「日本語における配慮表現研究の現状」一文中有关于得体表达的展望，下面是山冈提出的几个主要研究课题。

（1）配慮表現としての可能表現の使用。

「懇親会に行きますか」「行けないんです / 行きません」

（2）相手に気を遣わせないための配慮表現。

「つまらないものですが、ご笑納くださいませ」

（3）相手の発話を言いやすくさせる配慮表現。

「ご要望は何なりと受け付けますので、どうぞ、ご遠慮なくお申し出ください」

上述各课题被山冈、牧原、小野等学者展开更为充分的考察论述。在该书第2部「日本語の配慮表現」（关于日语得体表达）具体探讨了请求、道歉、不满等言语表达的得体形式，并对许多副词（如「ちょっと」「ぜひ」「わざわざ」「ただ」「まったく」「たしかに」「さすが / さすがに」「まだまだ」「そこそこ」），句末表达（如「かもしれないい」「気がしないでもない～たいと思う」「～てもいい」「～が / ～けど / -ので / ～のに」）等展开分析和说明。

四、言语行为

（一）言语行为的理论

言语行为（Speech act）这一概念最初由英国人类学家马林诺夫斯基（Malinowski）于1923年提出。当时，他从人类学的角度观察语言的功能，认为将其看成"行为的方式"比看成"思想的信号"更妥当。而真正从语用学的角度对言语行为进行考察和分析的理论，始自另一位英国的哲学家奥斯汀（Austin）。20世纪50年代，奥斯汀提出从行为的角度研究言语的使用，经过论证，他形成了自己的"言语行为理论"。奥斯汀的言语行为理论的中心思想是："将一句话说出口，实际就是在实施某种行为。"[①] 根据实施的语力不同，奥斯汀将言语行为划分为以下五大类型。

（1）裁决型。（2）形式型。（3）承诺型。（4）行为型。（5）阐释型。

20世纪70年代，美国语言哲学家塞尔（Searle）对奥斯汀的言语行为理论做出进一步的修改和补充，使之臻于完善。他根据言语行为的目的、命题内容和世界的适切方向或曰词语与现实世界之间的关系（"适切方向"表示言语行为目的带来的后果，如"断言"是词语适切现实世界，而"指令"则是现实世界适切词语），以及其他相关条件，对言语行为进行了再分类。与奥斯汀一样，塞尔也将言语行为划分为五大类，但是塞尔的分类有明确的标准，故而一般认为其比奥斯汀的分类严谨。塞尔的分类如下。

（1）断言行为。（2）指令行为。（3）承诺行为。（4）表态行为。（5）宣告行为。

（二）间接言语行为

"言语行为"有直接言语行为与间接言语行为之分。例如，「外は寒い」这样一个叙述句，当它表达「私は、ここに、あなたに外は寒いと告げる」的意思时，说话人实施的是告知行为，一般可被看作直接言语行为。而当它表达「私は、ここに、あなたにドアを閉めるよう依頼する」的意思时，说话人实施的是间接言语行为。

关于间接言语行为，塞尔进一步将其分为两类：规约性间接言语行为与非规约性间接言语行为。二者的区别主要体现在字面意义和言外语力的相互联系上。一般说来，规约性间接言语行为的字面意义和言外语力之间具有约定俗成性、习惯性和程式化的特点；而非规约性间接言语行为的字面意义和言外语力之间具有非约定俗成性、非习惯性和非程式化的特点。

1. 规约性间接言语行为

日语中的一部分句式在一般场合下，其言外之力是约定俗成的，可以将它们

---

① 陈小苗，黄赛芳.日语语言解析与日本文化透视[M].北京：中国商业出版社，2018.

看作规约性间接言语行为。例如，以下各句在日语中均为表示"请求"的间接言语行为。

（1）窓を開けてくださいますか。

（2）窓を開けてくださいませんか。

（3）窓を開けていただきたい。

（4）窓を開けていただけあせんか。

（5）窓を開けていただければありがたい（のでしか）。

上述五个句子中，（1）（2）（4）的字面含义都是"询问"，其中（1）为肯定疑问句式，（2）（4）为否定疑问句式。（3）的字面含义是"希望"，（5）的字面含义为"陈述"。但是毋庸置疑，这五个句子都表达了"请求"这一言外语力，并被作为日语中常用的表达形式固定下来，成为"请求"这一言外语力的不同程度的礼貌表达。

另外日语中还有下面的表达方式。

（6）a：入ってもいいですか。

　　　b：どうぞ、入ってください。

（7）マイルドセブンありますか。

（6）是拜访者 a 站在被访者 b 的门口，a 与 b 之间的对话。虽然 a 采用的是疑问式，但显然其用意不在字面的"疑问"，而是提出了入室的"请求"，所以 b 按习惯立即推断出 a 的间接语意，做出了"允许"的答复。（7）是在香烟店门口说的一句话，很明显它也不是"询问"柔和七星烟的有无，而是"请求"对方给自己这一品牌的香烟。

（6）（7）表达疑问的句式也可以被看作是规约性间接言语行为。它们在语句结构上有一定的格式化特征，一般场合下按习惯可以很容易地推断句子的言外之意。

2. 非规约性间接言语行为

日语中的非规约性间接言语行为情况相对复杂。因为它们在语句结构上无规律可循，没有约定俗成性。其言外语力的推导依赖于言语行为实施者相互间的关系、双方共知的信息及其所处的语境等。

例如，「おうい、キヌちゃん、お酒がない」と隣で紳士が叫ぶ。

「はい、はい」と返辞して、お銚子をお盆に十本ばかり載せて、お勝手からあらわれる。

上例选自太宰治的代表作「斜陽」，其中绅士叫喊的那句「お酒がない」在这里（千鸟饭馆）字面意义上虽然是描述酒的有无，而实际上是间接地提出了一个"请求"：「お酒をください」。这一言外语力在被喊叫者——阿绢身上立刻产生了影响，这位女服务员马上把酒从厨房端了出来。

第二节　日语社会语言学

社会语言学是利用社会学和语言学等学科的理论和方法，从社会学的角度对语言的社会本质和差异加以研究的一门学科。社会语言学的覆盖面非常广，涵盖了语言和社会研究的诸多领域，包括语言的社会功能、语言使用者的社会特征等问题。此外，社会语言学还研究语言变体的特征、语言变体的功能特征、讲话者的特性以及这三者如何相互作用和变化，以揭示那些能够解释和制约言语行为的社会规则，同时试图确定语言变体对于发话人的符号性价值。

自20世纪四五十年代起，日本语言学界着手研究「言語生活」，如方言、普通话、敬语等。20世纪70年代，学术界开始使用"社会语言学"这一专业术语，同时积极关注语言交际行为及理论，形成了一批重要的研究成果，日本的社会语言学也因此得到了发展，形成了自己的特点。20世纪七八十年代，日本出现了许多与社会语言学相关的研究论文、讲座。20世纪90年代以来，一些关于社会语言学的译著、专著、教材和一些梳理开始出现，这对日本社会语言学的发展起到了重要的推动作用。本节重点从语言活动、性别差异与语言以及变异与语言三个方面来探讨日语社会语言学。

一、语言活动

（一）什么是语言活动

语言活动指的是人们用某种语言进行听、说、读、写等交际的活动。语言活动的形式、功能、构成因素等皆为社会语言学研究的重点。

关于语言活动的构成因素，学术界主要有以下几种观点。

1. 雅各布逊的观点

雅各布逊（Jacobson）认为，语言活动包括以下六个因素。

（1）发信人。（2）受信人。（3）语境。（4）信息。（5）接触。（6）语码。

2. 海姆斯的观点

海姆斯（Hymes）认为，语言活动包括八类十六个因素。

（1）状况：情景、场面。（2）参与者：说话人、听话人、发信者、受信者。（3）目的：结果、目标。（4）行为序列：信息形式、信息内容。（5）手段工具：媒体、话语形式。（6）规范：交际规范、解释规范。（7）语调。（8）体裁。

3. 时枝诚记的观点

时枝诚记认为，语言活动包括以下三个要素。

（1）主题（说话人）。（2）场景（听话人等）。（3）素材（内容）。

4. 南不二男的观点

南不二男（1974）认为，语言活动包括七个要素。

（1）语言社会。（2）参加者。（3）状况。（4）语言交际功能。（5）交际内容。（6）媒体。（7）语言体系。

上述学者的观点虽然并不相同，但是却存在共性，即社会语言学对语言活动的关注主要包括两个方面：一是语言活动的主体和信息传递的方式；二是围绕语言活动展开的语言环境。

（二）语言活动实例分析

日本学者浅冈高子采用互动式采访法对一次日本人与澳大利亚人的晚餐会进行研究。研究结果显示，日本人和澳大利亚人都有意识地控制了自己的交际行为，但是由于语言活动习惯不同，使双方产生了一些不理解。例如，日本人面对这么多初次见面的人，不知该说什么，再加上自身的英语水平有限，因此在语言交往中的主动性并不高。大多数日本人礼貌性地呈上名片后就很少说话，即使说话也是与工作有关。澳大利亚人则认为，这太商务化，显得十分生疏，因此他们觉得日本人"不懂礼节"。由此可以看出，不同社会环境下的语言交往活动存在很明显的差异。

二、性别差异与语言

近年来，性别差异对语言使用的影响受到越来越多的关注。在日本社会语言学研究中更是如此，原因在于日语本身就有「男言葉」和「女言葉」之分。

「男言葉」和「女言葉」的差别主要表现在以下两个方面。

（一）「男言葉」偏报告性，「女言葉」偏预诉性

在日语中，女性用语在语气、措辞、终助词的使用等方面具有十分显著的特点，这种特征无论是在口语还是书面中都有所体现。举例而言：

西瓜が大好きなの。

綺麗な人ですのね。

上述这两个句子通过「の」都明显地体现了女性色彩。尽管「の」在日语中无论男女都可使用，但只有女性才会在陈述句句尾加「の」。这一倾向暗含了只有将某一方知道的信息视为双方共有信息，是女性语言中一种典型的倾诉性表达。与之相比，男性语言更倾向于信息的传递，倾诉色彩较为淡薄。

此外，在非正式的谈话中，「が」和「は」往往被省略。根据相关研究，在东京方言区，省略「が」和「は」的男性占 11%，女性则占 24%。这主要是因为女性认为省略「が」和「は」可以拉近与对方的距离，增加亲密感，而男性相对缺少这种情感诉求，因而在省略现象方面就少于女性。

综合上述内容可以看出，男性和女性用语存在差异的主要原因是二者的侧重存在差异：男性以传递信息为主，女性则以加强联系为主。

（二）「男言葉」富于创新，「女言葉」追求规范

1990 年，日本学者直田信治、宫治弘明在调查研究之后发表了「奈良県西吉野・大塔地域の言葉調査報告」和「大阪市方言の動向—大阪市方言の動態データ」两篇研究报告。「奈良県西吉野・大塔地域の言調査報告」显示，日本关西外围地区存在一段活动动词向五段活用动词演变的倾向，这一倾向在年轻男性中的使用频率比女性要高。

「大阪市方言の動向—大阪市方言の動態データ」显示，「オキレル」和「ミレル」这两种错误的表达（正确表达为「オキラレル」和「ミラレル」）在实际

生活中的使用日益频繁。70 岁以上使用「オキラレル」的男性只有 30%，而女性则有 60% 以上。但 50 岁以下的女性则多使用「オキレル」，很少用「オキラレル」，如图 5-2-1 所示。

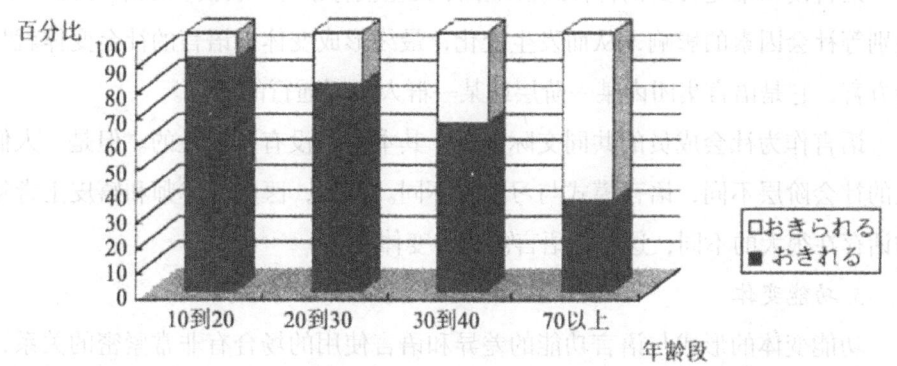

图 5-2-1　不同年龄段女性使用「オキラレル」和「オキレル」的百分比

根据井上文子的观点，女性本来是倾向使用标准用语的群体，她们对「オキレル」这种错误的表达大量使用的原因是她们误以为男性们使用和推广的这一表达是正确的，因此将其当作规范的语言大量使用。可见，女性在语言使用上总是有意无意地向标准语靠拢，而男性则习惯打破常规。

三、变异与语言

（一）变异与变体

变异是指某一语言项目在实际话语中的应用状况。其中，语言项目不仅可以是某个语音、语义、音义结合的语素、语法手段、语法规则，也可以是某些语音的组合、语义的组合或聚合规则。

变体是指具有类似社会分布的一组语言项目。语言使用的影响因素主要包括地域、社会身份和场合，于是形成了地域变体、社会变体和功能变体。它们在语音、词汇、句型方面有各自的特征，同时三者又具有密切的联系。下面简要介绍这三种变体。

1. 地域变体

地域变体是语言分化所形成的变体，它是最为常见的语言分化现象。地域变体主要是受交际的阻隔和异语语言的影响而形成的。通常情况下，只要是使用人口较多、历史较为悠久、地域分布广泛的语言，大多都存在地域变体差异。

2. 社会变体

语言使用难免会受到各种经济地位、文化教育素养、宗教、民族、职业、年龄、性别等社会因素的影响，从而发生变化，最终形成变体。语言的社会变体就是社会方言，它是语言集团内某一阶层或某一群人中所通行的语言。

语言作为社会成员的共同交际工具，其本身是没有阶级性的。但是，人们所处的社会阶层不同，语言模式与习惯也不同。例如，医生、律师和嬉皮士青年说的话存在很大的不同，这就是语言的社会变体现象。

3. 功能变体

功能变体的形成与语言功能的差异和语言使用的场合有非常紧密的关系，通常包括正式的、随意的、亲密的、冷漠的等多种形式。例如，在正式的场合与不太熟悉的人交谈，通常需要使用正式、庄重的语体，以显示礼貌，从而给对方留下良好的印象，促使交际顺利进行。这就是交际场合和目的对语言功能的特别要求所引起的。

（二）日语「が」的语音变异

20世纪80年代，日本学者日比谷润子曾对东京话中"が"行辅音的发音情况进行研究。研究结果显示，东京话中"が"行辅音位于词头发塞音 /g/，而位于其他地方发鼻音 /n/ 的这一规则正在被打破，即词中的"が"行辅音正从鼻音 /n/ 向塞音 /g/ 转变。

由研究资料可知："这一现象在性别上没有差别，但是在年龄上有一些不同，即30岁以下的年轻人更多地使用词中塞音，且年龄越小，这一现象越突出；70岁以上的老年人几乎不存在这种现象；出生于东京「山の手」地区的30—40、50—60岁之间的人引领着"が"行辅音塞音化的潮流，而东京「下町」地区这一年龄段的人则并无此倾向。"[①] 可见，语言项目的变异与社会因素有很大的关系，研究者们应对此给予重视。

---

① 翟东娜. 日语语言学 [M]. 北京：高等教育出版社，2006：361.

第六章 日语的语言学科

每种语言都经历了漫长的发展过程，这期间语言的变化虽然已成历史，但对今天、对未来仍具有很大的启示。本章内容为日语的语言学科，对日语历史文化语言学、日语认知语言学、日语心理语言学进行分析。

第一节 日语历史文化语言学

历史语言学是对语言的纵向研究，文化语言学则是文化学与语言学交叉而成的一门学科。在宏观语言学研究的视角下，历史语言学和文化语言学是两个重要的研究领域。本节重点探讨日语历史语言学与文化语言学。

一、日语的历史语言学

历史语言学，又称"历时语言学"，即从历时变化的角度对语言历史的演变规律进行研究的学科。历史语言学是日语语言学的重要分支，用历史语言学对日语语言的理论与方法进行研究，有助于揭示语言发展的内在规律，还原日语历史的本来面目。同时，历史语言学还有助于人们探明日语现象的本质与原理，以加深自身对于日语的认识和理解。

（一）日语历史语言学研究的材料

历史语言学这门学科非常注重材料的运用，即其研究需要大量的材料来提供信息，因此历史语言学要比普通语言学更注重对材料的选择与甄别。一般来说，历史语言学研究的材料主要有两类：文字语言材料和音声语言材料。这两类材料适用的研究项目不同，特点也有所不同。

1. 文字语言材料

文字语言材料是指古代的文献资料。由于古代日语缺少语音材料，再加上历史上日语的发展演变始终伴随着外来语的影响，因此对日语语音、文字沿革变迁的研究变得更加困难，必须借助可靠的文字材料。这些文字材料主要有以下两种。

（1）金石文，即古代金石器皿或其他载体上的文字，是研究当时日语语言文字的第一手资料。

（2）书籍，即从古至今流传下来的典籍文献，是历史语言学研究最常用、最丰富的资料。

2. 音声语言材料

声音具有瞬时性，转瞬即逝，因此很难获得古代语言的语音资料。尽管如此，方言资料、谣物以及近现代的录音材料都可以为历史语言学的研究提供一些间接资料。其中谣物主要有能乐、歌舞伎、狂言等。

（1）能乐

镰仓时代，日本各种歌舞艺能繁荣发展，在此基础上，室町时代（14世纪中期至15世纪初）诞生了日本最初的舞台艺术"能乐"。能乐发源于道阿弥的元越能、一忠的田乐能和龟阿弥的音曲，在观阿弥的努力下打破了猿乐能单纯的即兴表演形式，成为一种以戏剧情节表演为中心的艺术形式，保留了歌唱和舞蹈的成分。

从历史意义上来说，能乐的产生象征着日本古代艺能向戏曲过渡的完成。经过漫长的历史发展，能乐取得了令人瞩目的成绩，为日本戏剧做出了巨大的贡献，如今已经成为日本最具代表性的一种戏剧表演形式，更成为日本文化的一个典型代表。

（2）歌舞伎

歌舞伎则代表了江户时代的表演艺术。最初，歌舞伎主要是表演一些短剧和舞蹈，其演员都是女性，男性角色都是由女子装扮，有时还会扮成轻佻好色之徒，表演一些性感的场面。这引来一些有名的游女艺妓争相仿效，很快风靡全国。由于游女大多为娼妓，她们通常是通过表演歌舞来拉客卖淫。因此，江户幕府以"女歌舞伎"的自由放纵会影响人伦道德和社会安定为由，于宽永六年（1629年）对歌舞伎进行了相当严格的管理，全面禁止"女歌舞伎"，规定女角改由美少年演员扮演，于是创造了男扮女的艺术，出现了"若众歌舞伎"（少年歌舞伎）。但是，少年歌舞伎仍未能改变以"容色"为本位的表演形态，一般观众还是互相争夺这些扮演女角的美少年演员。后来，少年歌舞伎也被幕府下令取缔，禁止这类公演活动。

在演艺界和观众的要求下，幕府以演员必须剃掉作为少年象征的前发和只表演模仿秀狂言等为条件，有限制地允许歌舞伎的上演。此后，歌舞伎演员都必须是男性，成为专门由男子从事的表演艺术。这种规定的主要目的是减少演员肉体魅力对观众的吸引力。在这之后，歌舞伎也开始由舞蹈表演向戏剧表演发展。

（3）狂言

狂言的产生时间与能剧几乎相同，其发展经历了漫长的时期。奈良时期，散乐传入日本；平安时代，日本的民间艺人在散乐的基础上融入了模拟人物的滑稽表演，狂言的前身"猿乐"得以形成；镰仓时代，狂言与能剧的差别愈发明显；到了室町时代初期，在贵族武士阶级的大力支持下，狂言与能剧一起正式登上了历史舞台。自此以后，狂言发展十分迅速，到了江户时代已臻于成熟。第二次世界大战以后，狂言不再是能剧的附属，走上了独立发展的道路。今天的狂言表演家不仅能独立表演，也能和能剧搭档演出。

从表演上来说，狂言在产生的初期并没有固定的台本，主要是由师傅口授，一代一代传承下去。后来，狂言有了简单的剧情纪要，但演员仍需要有大量即兴发挥。直到江户时代，狂言才有了固定的台本，这些台本起初都是由狂言师创作，后来经过长期的演出实践不断修改，最后定型。目前保留下来的狂言剧目大约有260个，多是在江户时代成形的。和泉流派约有254个，大藏流派约有180个，其中174个是相同的。

这几种谣物由于代代口授心传，很大程度上保留了古代语言的某些特征，因而成为历史语言学研究的重要资料。

（二）日语历史语言学研究的方法

日语历史语言学的研究离不开对材料的使用，因此就需要掌握一定的方法。这主要包含对文本的选择与甄别、对古辞书的合理利用以及对外国资料的恰当使用。下面对其逐一分析和说明。

1. 选择与甄别文本

在日语历史语言学的研究中，对文本的选择与甄别是非常重要的。如果选择与甄别的文本合适，且具有很高的参考价值，那么必然会对日语语言研究有利；如果选择与甄别的文本不合适，且参考价值也不高，那么就会对日语研究产生误导。一般而言，文本选择与甄别的方法主要有以下几种。

（1）区分一手资料和二手资料

在日本国语学界，资料有一手资料和二手资料之分。一般来说，一手资料是用来对语言历史情况进行研究的最佳选择。但是，并不是任何一项研究都能够找到一手资料。很多时候，如果找不到一手资料，就需要那些接近一手资料的二手资料。例如，在研究日语音韵史时，青谿书屋本「土左日記」虽然不是最原始的本子，但它忠实地抄录了藤原为家手抄本，而后者又基本忠实地抄录了原始的本子，因此可以说「土左日記」的参考价值就和原始本子几乎相同，如图 6-1-1 所示。

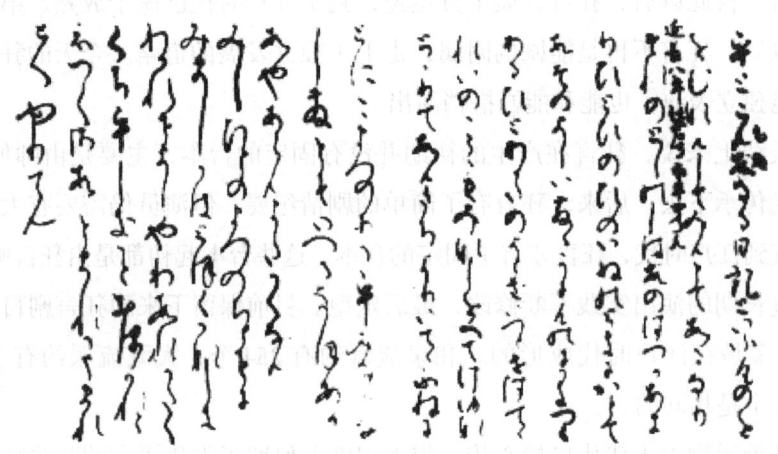

图 6-1-1　青谿书屋本「土左日記」

（2）根据研究对象选择材料

在日语历史语言学的研究中，如果研究的对象发生改变，研究资料也必然会随之变化。例如，对古代的文字标记进行研究时应该尽量选择影印本。这是因为，现代日本出版的往往都是那些活字本文献，而这些文献都是经过修改过的，因此人们在选择时应该进行甄别。再如，夏目漱石的作品，因为很多出版社所依据的本子不同，有的标点符号不同，还有的添加了一些振假名，在出版时就很难避免在其中加入一些主观的看法。因此，研究者在选择时应该慎重。

如果遇到的资料是自己所不熟悉的，还可以多找一些文本作对比参阅，事前做背景调查，这样才能将那些主观的、臆测的因素剔除掉，从而保证研究的结果更加准确。

2. 发挥古辞书的价值

对语言历史进行研究还可以利用古辞书。与普通的文献资料相比，辞书中包含大量的有关语音、词汇的信息，且非常集中。虽然这些辞书难免会受编撰者的主观影响，但是经过考证辨别之后，其参考价值依然很高。日本古代辞书主要有以下几种类别。

（1）音义类辞书，即解释特定文本中汉字发音、意思的辞书。

（2）汉和辞书，即用日语解释汉字的辞书。这类辞书有「類聚名義抄」「字鏡」「倭名類聚抄」等。

（3）国语辞典，如「色葉字類抄」「倭玉篇」「下学集」等。

（4）外国词典，即外国人编纂的词典。这类词典有「日葡辞書」「和英語林集成」等。

上述这些古辞书对于过去词汇、词义等项目的研究具有十分重要的意义。例如，在对明治末期日语词汇的变化进行研究时，可以将「和英語林集成」第一版和第三版中收录的词汇进行对比，便可窥见一斑。再如，「類聚名義抄」是汉字和训的集大成者，其内容很多引自以前的训点本，因而朱色声点随处可见，这非常有利于后人了解平安时代末期的声调。

3. 合理利用外国资料

研究日语发展历史的外国资料主要包括三种，即吉利支丹资料、朝鲜资料和中国资料。这些资料对日语历史的研究的意义主要包括以下两点。

（1）有助于研究当时的口语。平安时代之后，言文分离的现象非常严重，从这一时期开始到明治时代之间的口语资料较为匮乏，而外国资料对当时口语记录较多，因此可以很好地加以弥补。

（2）外国人对日语的观察非常仔细，习惯从实用的角度出发，采用独特的视角，不受框架约束，尤其是对口语、方言的记录不仅详细，且十分客观，这为日语历史的研究提供了重要的资料。

(三)日语在历史上的发展

1. 受外来语影响

从古代起,日语的发展一直都深受外来语的影响。首先是中国汉语的影响,其使日语从音韵、文字到词汇、语法和文体全盘汉化,到了近现代,日语又受到西方语言的强烈冲击。具体而言,外来语对日语的影响主要体现在音韵、词汇、语法三个方面。

(1)音韵

从音韵上来讲,汉语词的引入使日语语音中出现了长音、促音、拨音、拗音,拓宽了日语语音的表达空间。另外,近现代大量融入的西方外来词虽然没有增加日语音节,但使一些已经不再使用的音节恢复使用。

(2)词汇

从词汇上来讲,日语文字的书写趋于汉字化,同时吸收了相当多的汉语词汇。除了这种直接"拿来"的词汇,日语构词中还出现了大量包含汉语语素的混合词。这些吸收与内化的词汇丰富了日语的表现形式,甚至使日语的词汇构成和词汇体系发生了根本性的变化。

(3)语法

从语法上来讲,汉语训读使日语中出现了训读调、训读词以及一些特殊表达,同时也使日语句子构成更为明确、更具逻辑性。到了近现代,西方的科学文化和语言再次对日语带来了巨大冲击,这种冲击影响了日语语音、词汇、语法、文体等各个方面。

2. 由综合型语言到分析型语言

语言是从综合向分析发展的,日语也不例外。从语法来看,日语文言中曾有大量的助动词,如表示"推量"的「む、むず、めり、けむ」等,表示"使役"的「す、すむ」,表示"可能"的「ゆ、らゆ」,表"完了"的「つ、たり、ぬ、り」等,现在除「た」以外基本都已消失,取而代之的是现代日语中发达的形式名词,如「もの」「こと」等。在以往的文言文中,这些助动词、助词可以传递独特而微妙的语义,从而使表达更加细腻、严谨。随着时代的不断发展,使用更加简洁的语法形式或采用非语法形式的分析性表达逐渐成为主流,上下文语境和其他语义手段的作用越来越明显。例如,明治时代东京话的形成过程中出现了「まいないであろう」「たろう・ただろう」这类变化，即同一个语义的表达成分变多了，这就是日语由综合型语言向分析型语言转变的一个重要体现。

3. 日语表达习惯的传承

从整体上来看，日语一直处于不断变化的状态中，但是不可否认的是日本中的很多语言表达习惯也得到传承，这些语言表达习惯既有文字语法，又有文体结构，如汉字平假名这一标准书写文体等。这在现代日语中有明显的体现，这里不再赘述。

二、日语的文化语言学

"文化语言学"这一概念是由中国学者于20世纪七八十年代提出的。而"日语文化语言学"，顾名思义就是运用文化语言学的研究方法，将日语置于文化背景下，研究日语语言与文化的关系。可见，日语文化语言学是日语语言学的分支学科。本节重点分析和探讨日语文化语言学的相关内容。

（一）日语文化语言学的概念

日语文化语言学是运用文化语言学的研究方法，将日语置于文化的大背景下，对二者的关系进行探讨的一门学科。因此，在探讨"日语文化语言学"之前，首先有必要分析"文化语言学"的相关概念。

汉语学界对"文化语言学"的定义主要有以下两种。

其一是对语言与文化关系进行研究的交叉性、综合性学科。

其二是一门研究语言的文化价值与性质的综合性语言学科。

上述两种定义存在着相似性，即将"文化语言学"定义为一门综合性学科，但是在研究对象上却存在明显的不同，一个是研究语言与文化的关系；一个是研究语言的文化价值与性质。

鉴于上述定义，本书认为，"日语文化语言学"就是研究日语语言与日本文化关系的解释性、综合性的语言学学科。其中，"解释性"与"综合性"是针对学科性质而说的，"解释性"主要侧重研究的是语言与其他学科之间的关系，"综合性"是侧重跨学科的研究方法。"语言学学科"实际上反映了日语文化语言学是日语语言学的一门分支学科，这一学科的主要目的是更好地将日语语言的属性揭示出来。

（二）日语文化语言学的内涵

要想对日语文化语言学进行探究，首先就需要对日语文化语言学的相关内涵进行探讨。但是，在论述日语文化语言学的定义之前，首先有必要对"语言"与"文化"的相关知识进行说明，由于后文内容将会论述日本文化的相关内容，因此这里仅对"语言"进行分析，以此为基础探讨日语文化语言学。

1. 什么是"语言"

关于"语言"的定义，至今为止有几百种。例如，其一，"语言是人类独有的，是文化的重要组成部分，是获得的能力。语言与其他表达手段的重要区别就是语言需要交际这一直接动因，且交际是语言史上起决定作用的因素。"其二，"语言是一种活动方式，也可能是人们最为重要的一种行为方式。"其三，"语言是一个系统，其重大意义在于作为某种类型的成分，其意义与功能往往是由结构赋予的。之所以交际可以无限制地进行，就是因为语言是按照编码规则有系统地组织起来的。发话人先组成个别的符号，进而组成成组的符号，最后形成无限的话语，而听话人对发话人的话进行辨别，因为发话人身上也存在着同样的系统。"其四，"语言是由发音器官发出的，是成系统的一种行为方式，是人与人互通信息的工具。"其五，"语言是人类特有的一种符号系统，当其作用于人与人时，语言是表达人与人相互反应的中介；当其作用于人与客观世界时，语言是人类认知客观事物的工具；当其作用于文化时，语言是文化信息的容器和载体。"其六，"语言是一种社会现象，与其他社会现象有着明显的区别，具体体现在：语言是作为人们交流思想、交际的工具来为人们服务的；语言是作为人们的思维工具来为人们服务的。"其七，"从语言的性质来说，语言是现实的编码体系；从语言的功能来说，语言是人们交际、交流的工具，而交际的实质就是对现实的认知。"[①]

综合上述定义，可以将"语言"的定义归结为以下几点。

（1）语言是最重要的人类交际的工具。

（2）语言是一种思维工具，是语音的集合，是一种社会产品，需要用文字进行记录。

（3）语言是有限句子与无限句子的集合体。

（4）语言具有持久性，并能瞬间消失，虽然可以用文字进行保存，但是也

---

① 赵元任. 语言问题 [M]. 台北：台湾商务印书馆，1968：2.

存在不完整性，只有在描述情境下的话语的时候才被需要，它并不是一种产品，而是一种活动的过程。

实际上，我们可以从狭义与广义两个方面对语言进行探讨。

（1）狭义上的"语言"

从狭义上说，语言有两种形式，即人们常说的口头语与书面语。其中书面语言还会涉及书面语言的物质载体，即文字。

（2）广义上的"语言"

从广义上说，语言不仅仅包含狭义层面，还包含"准语言"。所谓"准语言"，又可以称为"副语言"或者"类语言"，包含可听、可视、可触三个层面的语言。如图 6-1-2 所示，为广义上的语言分类。

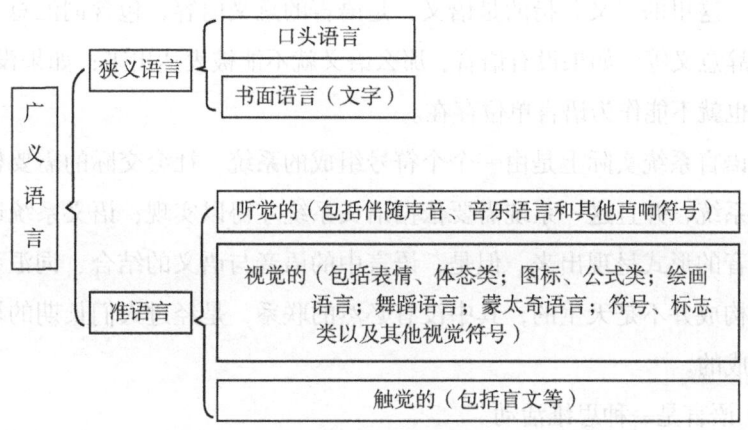

图 6-1-2　广义上的语言分类

如图 6-1-2 所示，听觉的"伴随声音"是指双方交谈时的"啊""砸"等口头禅；其他声响符号包含锣鼓声、号角声等。视觉的"蒙太奇语言"指的是被用于电影、电视的语言；其他视觉符号有令牌、古代的烽火等。

狭义层面的语言是古代语言学研究的中心，但是由于人们的认识逐渐从狭义向广义转换，因此广义层面上的语言也被纳入语言的研究范围中。鉴于此，本书的日语文化语言学研究的"语言"也是广义上的语言。

2.语言的本质特征

从语言的定义和分类中可以发现，其涉及语言的本质问题，语言不仅是人类最重要的交际工具，是一个音义结合的符号系统，也是一种思维活动，还是文化的一种载体，并且具有特殊的生理基础和能产性或创造性。

（1）语言是人类最重要的交际工具

语言是人类独有的，是人类最重要的交际工具。语言是社会交际需要与实践的产物。也就是说，正是由于交际的存在，语言才有生命。世界上任何一个人都不可能创造出一个只有自己清楚的语言同他人进行交际。既然语言是人类交际的工具，那么其必然会在社会群体中进行，因此该语言也是被社会全体所清楚的。在实践过程中，人们学会使用语言，语言也在实践的过程中得以发展与变化。

（2）语言是一个音义结合的符号系统

这里的"音"指的是语音，是作为语言的外壳出现和存在的，语音的最小单位是音素。这里的"义"指的是语义，是语言的意义内容，包含词汇意义、语法意义和修辞意义等。如果没有语音，那么语义就不能被表达出来；如果没有语义，那么语音也就不能作为语言单位存在。

整个语言系统实际上是由一个个符号组成的系统。社会交际的需要构成了潜在的意义系统，并且这一系统需要依据语义系统才得以实现；语义系统通过语法系统以语音的形式呈现出来。但是，语言中的语音与语义的结合、词汇系统和语法系统的构成并不是天生的，其中没有必然的联系，是经过人们长期的社会交际和实践形成的。

（3）语言是一种思维活动

语言是一种思维活动，且语言与思维是相互依存的关系。也就是说，没有语言，人们就无法进行思考；没有思维，语言也就无法产生。语言是思维的客观表象；而思维是语言的本质。受地理、历史、风俗、人文等条件的制约，人们的思维逐步形成一定的习惯，即思维方式，而思维方式通过语言在人们的各项活动中呈现出来。

（4）语言是文化的载体

语言不仅是一种自然现象，更是一种文化现象。作为人类特有的描述客观世界的手段，语言符号也是文化的一项重要组成部分。语言是思维方式、思维深度、思维范围的体现，而思维的直接产物是精神文化，间接产物是物质文化。美国著名的人类学家萨丕尔指出，语言结构对思维结构予以规定，而从本质上说思维结构决定着某一民族的文化结构类型。因此，学习一门语言，实际上学习的是该语言背后的思维方式，即该语言所属的文化类型。

（5）语言具有特殊的生理基础

基因是人类大脑语言器官的载体。人类大脑的语言器官主要是内嵌于大脑皮层之上，具有人类特有的生物禀赋。通过基因，大脑的语言器官得以遗传，并且万世都不会枯竭。动物不可能学会人类的语言，这一现象体现出人类大脑中特殊的生理基础，即存在着一种特殊的处理机制和语言习得机制。

（6）语言具有能产性或创造性

能产性，又称"创造性"，是语言的一种重要、经典特征。德国语言学家洪堡特在他的《论人类语言结构的差异及对人类精神发展的影响》一文中指出，语言不仅是一种产品，更是一种创造性的活动，语言是不断发展和变化的，并在语言活动中得以体现出来。语言的生命表现形式就是讲话，而一旦将语言记录成文字，其就变成了僵死的作品，如果要想这些作品发挥价值，就必须依托使用者的再创造，包含领会、阅读、朗诵、理解等。从这一点来说，创造性必然是语言的本质特征。

此外，语言的创造性还反映了人类精神，语言是精神不由自主地流射与发挥。人类的思维和精神无时无刻不反映着物质世界的发展和变化，而能够将思维和精神活动体现出来的根本方式就是语言。简单来说，一个国家、民族如何进行思维活动，那么他们就会如何说话。然而，当思维具体到可以感受语言时，这一过程实际就是交际的过程，是在真实地传达思想、表达情感。

从上述阐述不难看出，语言的创造性源自思维功能与交际功能。

（三）日语文化语言学的基本层面

日语文化语言学包含三个层面：一是语言是一种符号系统；二是语言影响文化；三是文化制约语言。下面就对这三个层面展开探讨。

1. 日语语言是一种符号系统

从语言的内部结构来说，语言是一种音义结合的符号系统。但是，这种音义的结合具有任意性和无理据性。语言符号并不是某一个事物与其名字的连接，而是一个概念与其声音形式的连接，或者一个概念与听话人对一种声音印象的连接。

换句话说，语言符号是由"概念"与"声"共同构成的。但是，"概念"和"声"之间是没有任何逻辑联系的。例如，我们很难解释为什么「本」要读作「ほん」，「水」要读作「みず」,「山」要读成「さん」等。

此外，语言的任意性还体现在，对待同一事物，不同的语言有着不同的表达。例如，日语中的「机（つくえ）」在汉语中是"桌子"，在英语中是table，在法语中是tableau，在德语中是Tisch，这也印证了语言中音义的任意性，表明语言只是一种符号。

2. 日语语言影响文化

语言对文化具有不可忽视的影响力，具体体现为如下两方面。

第一，由于语言是思维的唯一载体，而思维又是文化赖以产生的根基，因此语言不仅反映特定人群的特定文化，同时也对文化产生着巨大的影响。思维及具体特定人群的思维模式是孕育特定文化的摇篮，以思维为基础前提，才会滋生出世界观、信仰、价值观等一系列文化要素。此外，语言对人类思维的质量或水平产生一定的影响，从而影响文化的发展。这主要是指语言在其历史发展过程中的不同阶段自然存在的差别，如早期人类的语言显然远不如现代人的语言那么严密、丰富、深厚；但也指在同一历史时期处于不同社会发展阶段的特定人群之间的差异，如多数现代人的语言就比当代仍然生存于亚马孙河热带雨林深处以及非洲某些人迹罕至的偏远地区的土著人的语言具有更加强烈的表现力，其蕴含的文化内涵也更为丰富。

第二，作为文化的记录器和传播者，语言可以使文化的内涵在同代人中广为流传，在不同代人之间一代一代传承下去。同样，日语语言对日本文化的影响作用也是显而易见的，甚至有时候会产生一种制约作用。例如，在第一章中曾提到，日语几乎全部是开音节，而一个假名就代表一个音节，一个音节就是一拍，节拍鲜明而短促。因此，日本传统的诗歌和歌往往不要求押韵，只要求节拍数相对，而形成一定的韵律。再如，日语词汇中的谐音往往会产生一定的禁忌，如"芦苇"本来读音是「あし」，后来为了防止让人们想起「悪し」(不好)，因此就改成了「よし」。

3. 文化制约日语语言

文化是语言的精神内核，其发展对语言具有巨大而又无形的促进和制约作用。

这一点主要体现在以下两个方面。

（1）语言是文化传播的主要途径，因此语言中必然包含大量或明显或隐晦的文化信息，这是文化制约语言的一个重要表现。例如，每当新事物出现的时候，语言中就会出现与之对应的新词，这是文化对语言表达最直观的影响。晚辈和长辈说话时使用敬语和敬体形式，这就是文化对语言表达的深层影响，它反映出一种社会态度、社会关系或社会文明。

（2）文化包括物质文化和精神文化。物质文化中语言的作用并不明显，但语言对于精神文化的建设至关重要。精神文化需要语言来表达，需要语言来记载，语言是精神文化得以产生和发展的必要前提之一。因此可以说，语言本身便是文化的一个特殊组成部分。

日本文化也不例外，它对日语语言有着影响和制约作用。这可以从静态与动态两个角度来说。从静态上看，日本文化对日语语言的语音、词汇、语法等都有制约的作用。通过对日汉两种语言进行对比，不难发现，日本文化对词汇系统有着制约作用。例如，日汉两种语言中都有"祭"这个字，但是日语中的「祭」是为了表达祝贺、纪念；而汉语中的"祭"多为祭祀的意思。

从动态上看，一个民族的总体文化水平会对一个民族的语言是否丰富、表述是否精确起决定作用。同时，其地域文化发展以及社会阶层划分也会导致语言出现社会变体与地域变体。这在日语中也不例外。日语中著名的地域变体就是「関西弁」（关西话）。关西话在语音上与日语标准语音有着明显的区别。例如，「関西弁」中用「セ」表示"喜欢、断定"时，往往需要在物品名称后面加上「ちゃん」，但是日语标准语音中就不需要。

（四）日语语言文化差异是有限的

英语语言学家赫德森认为，从某种意义上来说，人类的语言与文化属于同一模式，是对共同的深层"人类共性"的反映。[①] 这是因为，人类在同一物质世界中生存，人类语言所表达的概念之间的差异性不可能具有无限性，其之间的差异从本质上看会受到如下几点的影响和制约。

首先，无论是何种语言，都可以运用"语义成分"对词义进行解释，这些"语

---

① 张燕. 日语文化语言学理论基础初探[J]. 解放军外国语学院学报，2001（5）：48.

义成分"对任何一个民族和人类而言都具有一致性。之所以会成为一种普遍现象，主要是由于那些属于人类知识结构的成分同样也属于人类正常的环境。

其次，日语语言的差异受人类共同的交际需要的制约。就人类而言，人们总希望运用最小的力来获取更足量的信息，这就导致人们会选择一些"基本概念"，而不会选择比"基本概念"更高或者更低的概念。在人类语言中，存在着很多表达基本概念的词，如物质名词、数词等，词汇的层次结构在某些程度上也具有相似性。

最后，世界万物本身就存在一定的结构性，人们可以利用这些已经存在的概念作为原型概念。对于不同的社会、不同的人群来说，这些原型概念要比那些派生概念的差异小很多。

因此，虽然不同语言之间在表面上存在明显差异，但是这种差异并不是无限制的、任意的，而且这并不能说明人们在完全不同的物质世界、精神世界生存。相反，如果与原型概念相联系，不难发现，不同语言间的差异往往是有限的，并不是任意的。赫德森的这一观点是非常具有代表意义的，人们也承认不同语言之间，其语音、词汇、语法确实存在某些差异性，但是这些差异性是表面现象，因为从深层结构来看，不同语言也是存在某些相似特征的。

语言系统往往受到两大结构的制约：一是"底层结构"；二是"上层结构"或"超结构"。前者是指人类语言向相同或者相似之处趋同；后者指的是各个民族语言中隐含的不同的文化结构，其导致各民族的语言在表现形式上存在明显差异。我们认为，对语言的相同和差异进行解释是与实际相符合的。人类语言之间存在着明显差异，但是也会受到多个层面的制约，这种差异不可能是无限的。也正是由于这种无限性的存在，不同语言的人才有可能进行交际，不同的文化之间才有可能进行交流。

（五）日语语言的使用与文化

美国语言学家萨丕尔在他的《语言论》中这样说道："语言具有一个底座，说一种语言的人往往是属于某一种族或者某几个种族的。简单理解，就是说某一语言的人其必然属于身体上具有某些特征、并与其他群体相区别的群体。语言不能脱离文化，尤其是不能脱离那些社会流传下来的、对我们生活面貌起决定作用的信仰和风俗。"① 当然，不仅语言结构与文化有着密切的关系，语言的使用也与文化密切相关，而且文化规则对语言使用的制约往往超越于语言结构。如果忽视了语言运用与文化因素之间的关系，即使掌握了充足的语法知识，也很难实现言语交际的得体性。例如，日本人在进行谈话时，如果在语言表达上过于直接、过于强硬，那么就会使对方感觉恐惧和不快，甚至会导致交际终止或者被对方反对和拒绝。因此，在实际的日语语言交际中，一定要委婉、间接地传达自己的想法，必要时还需要增加一些转折用语或者前置委婉语，这样有助于起到缓冲的作用。

另外，文化对交际模式、话语结构起着决定性的作用。例如，在日本，当晚辈和长辈对话时，长辈可以用命令的口吻，但是如果晚辈想要表达同样意思的话语，必须是含蓄的、间接的。文化标准甚至会对话语的准确程度产生影响。例如，当日本人回绝他人的请求时，为了尽量不让对方难堪，一般会选择暧昧的措辞，通常会说"我考虑一下""现在还不好说"。在听到这样的回答后，日本人能够清晰地将其理解为是一种拒绝的言辞，而其他国家的人往往还会等待结果。

（六）日语文化语言学研究的方法

日语文化语言学具有跨学科性，因此其研究方法也是相对的、多层次的、多样的。随着对日语文化语言学研究的不断深入，一些研究学者总结了以下几种研究方法。

1. 文化背景透析法

在准确描写与把握日语语言现象的基础上，对这些现象背后的文化内涵进行透析已经成为日语文化语言学研究的重点。

文化背景透析法主要是将语言现象看成一种文化现象，语言符号本身也是一种文化符号。也就是说，研究者不仅要透析语言现象，还需要透析语言现象背后的文化现象。只有这样，才能更好地理解和掌握语言运用的规律性。例如，对于日语助动词「れる」「られる」的研究，就是从这两个词可以同时表达"可能、自发、尊敬、被动"等不同的含义出发，对日本人崇敬自然、敬畏自然的思维有一定了解和把握，从而产生四种不同的联动意识。

---

① 张燕. 日语文化语言学理论基础初探 [J]. 解放军外国语学院学报，2001，（5）：48.

2. 历史现象比较法

历史现象比较法是在文化背景透析法的基础上产生的。历史在不断地向前发展，其必然会在语言中留下显性或者隐性的痕迹，而语言的发展又与其文化密切相关，因此人们不仅可以运用静态、共时的思维去分析一些隐含的概念，还可以运用动态、历史的思维去分析哪些时期发生了哪些变化。例如，通过研究日本人姓名中姓氏与名字之间的「の」出现和消失的现象，并追问其发生的背景与原因，可以将日本社会变迁及宗族制度揭示出来。

3. 语言现象描写法

日语文化语言学具有揭示性，但是其并不排斥运用描写法来分析。对语言现象进行描写法研究是日语文化语言学研究的基础层面。但是，这种描写是为了解释而进行的描写。如果研究者不能对日语语言现象进行准确的描写，那么就很难对日本文化进行准确的解释和把握。例如，在对"日本文化视阈下的话语转型"进行研究时，需要列举一些具体的词语，进而对不同时期的话语类型进行归纳，最后分析文化背景下产生不同类型的原因。这就是语言现象描写法的典型例子。

4. 跨文化比较法

日语文化语言学是一种不求同而求异的语言。一种语言的特性需要在比较中才能体现出来，日语语言也不例外。因此，跨文化比较法也成为日语文化语言学研究的重要方法。这里的比较主要有以下两个层次。

第一，文化背景的比较。

第二，语言现象的比较。

但是，这两种比较并不是单独的，而是需要在两种比较中建立一定联系的，只有这样才能将这些差异的产生根源揭示出来。例如，在对日、汉、英三种语言中的色彩词进行比较时，首先需要在语言表达上进行比较，日语中是「いろ」，英语中是 color，汉语中是"色"。进而再对三者的含义进行对比，日语「いろ」与汉语"色"都可以表示男女之间的情爱与性，但是英语中的 color 只表达有色人种肌肤颜色的敏感含义。最后分析产生这种差异的原因：日语「いろ」源于汉语"色"，因此有着与汉语"色"相同的含义，而英语 color 是因为其社会中存在明显的种族歧视。

第二节 日语认知语言学

认知语言学是认知学与语言学的交叉学科,心理语言学是研究人们学习语言和使用语言心理过程的学科。在宏观领域,认知语言学与心理语言学也是两个重要的研究领域,本节重点对这两大领域展开具体分析和探讨。

认知语言学兴起于20世纪80年代,研究学者众多,研究的角度也各异,但是都达成了一个共识:认知语言学主要探究的是语言与人类认知活动之间的关系,探求语言与人类基于经验而形成的知识体系间的关系,从而对语言现象的产生和存在进行深入理解。下面,就对日语认知语言学展开分析和探讨。

一、什么是认知

要正确理解认知语言学的概念,首先就要正确理解什么是"认知"(cognition)。"认知"是一个心理学概念,关于认知的内涵,世界上众多学者都进行过深入的研究。

"认识"在哲学意义上讲,指的是客观的事物和规律在人脑中的反映,既包括"理性认识",也包括"感性认识"。因此,我们可以认为认识活动就是人们依靠思维能力和感知能力认识客观事物的过程。

"认识论"的研究范围很广,涉及人类认识的对象、本质、结构、规律、来源、能力、过程、检验等哲学理论。

根据对认识的本质和来源的不同理解,形成了两种对立的理论:唯理论和经验论。

根据对意识与物质二者关系的不同理解,形成了两种不同的认识论:唯物主义认识论和唯心主义认识论。

根据对人类能否认识世界这一问题的不同回答,形成了两种对立的观点:可知论与不可知论。

根据对认识的形成过程的不同理解,形成了两种对立的哲学阵营:辩证法和形而上学。

关于"认知"一词,1979年版的《辞海》中是没有的,它随着"认知科学""认知心理学""认知语言学"的发展而逐渐被中国的学者熟知,在1989年才被收录到《辞海》中,同时收录的还有"认知科学""认知心理学",1999年版的《辞海》中又新增加了"认知人类学"一词。

桂诗春认为:"认知的最简单的定义是知识的习得和使用,它是一个内在的心理过程。因此,认知是有目的性的,并且是能够人为控制的。"[1]

王寅认为:"语言运用和理解的过程也就是认知处理的过程,因此语言也是一种认知活动。认知语言学的核心原则便是:现实—认知—语言。"[2]

田运在其《思维辞典》中将"认知"解释为"直接依靠主体感知能力和思维能力,而不借助实践手段认识客观事物的过程"。[3]

在《认知科学入门》系列书的第一卷中将认知解释为"人类智能的运用",包括各种形式的活动,如在电话中识别出朋友的声音、读小说、在小溪的石头上跳跃、向同学解释一个想法、记住回家的路、选择职业等。其认为,对于我们每一个活动,我们所做的一切,认知加工是必不可少的。

美国语言学家莱考夫和约翰逊(Lakoff&Johnson)继承了其他学者的观点,他们对"认知"进行了广义性的解释,认为认知包括心智运作、心智结构、意义、概念系统、推理、语言等。认知与智能是紧密相关的,认知是身体与世界相遇时发生的有关概念系统的认识和推理,因此认知也包括人们进行范畴化、概念化和思维推理时所运用到的"感知动觉系统"。

美国心理学家从认知心理学的角度,归纳了认知的五种定义。

(1)认知是信息加工。

(2)认知是心理上的符号运算。

(3)认知是解决问题。

(4)认识是思维。

(5)认知是一组相关的活动,如知觉、记忆、判断、推理、解决问题、学习、想象、概念形成、语言使用等。

其中,第一种定义和第二种定义属于狭义的认知心理学范畴,是信息加工论。第三种定义和第四种定义将思维看作认知的核心。第五种定义属于广义的认知心

---

[1] 桂诗春.认知和语言 [J].外语教学与研究,1991,(3):3.
[2] 王寅.什么是认知语言学 [M].上海:上海外语教育出版社,2011:3.
[3] 田运.思维辞典 [M].杭州:浙江教育出版社,1996:93.

理学范畴。但是，无论哪种定义，都将思维看作认知的核心，因为思维是信息加工过程的最高阶段，是在综合各种感觉、知觉、记忆、表象等的基础上形成的。同时，思维又影响着这些因素。从广义上来说，思维与认识是等同的。

"思维""智能""心理""心智""推理"等是与"认知"不同的术语，它们各有侧重点，适用于不同的学科，各自的对应术语也存在差异。例如：思维——存在；智能——体能；心智——身体。

认知不是机械地反射人的客观世界，而是人与世界相互作用的产物，是人对外部世界的感知与经验。认知具有自己动态的、完整的结构和模式，由此形成经验的规律和结构，语言便是这种经验模式和认知组织的反映。认知的两个最基本的要素是动觉图式和基本范畴。

二、什么是认知语言学

由于认知与语言之间的密切关系，近年来，学术界将二者结合起来进行研究的趋势越来越明显，引起了广大学者的重视。那么，究竟什么是认知语言学？这个问题颇为复杂。

莱考夫和约翰逊在《Philosophy in the Flesh》一书中对认知语言学的解释是：认知语言学是一种语言学理论，该理论意图用第二代认知科学的发现来解释尽可能多的语言。就其本身而言，它吸收了第二代认知科学的研究结果，但不承袭任何一种成熟的哲学理论假设。其假设是方法论假设：即用恰当的方法得出最全面的归纳，寻求更广泛的趋同性证据，将语言学理论和思维与大脑的实验发现结合起来。

总的来说，认知语言学将语言视为一种认知活动，并从人的角度出发研究语言的形式、意义及规律，是利用人类的经验和感知与对外部世界的概念化来研究语言学的学科。它强调人类认知能力的参与作用，认为语言无法直接反映客观世界，必须借助认知这一中间层次进行加工处理，以此为前提与基础。

三、日语认知语言学的基本理论

在认知语言学的理论中，范畴化理论、隐喻理论、转喻理论、意象图式理论是非常重要的理论，对认知语言学有着重要的指导意义。当然，日语认知语言学也不例外，下面就对日语认知语言学中的这四大理论展开论述。

(一) 范畴化

范畴化是认知语言学中的一个重要概念和理论，是指人类对世间万物做分类的认知活动。正是因为这个活动，人类才具有形成概念的能力，语言符号才具有意义。同时，范畴化也是长期以来认知语言学的研究焦点。通常可以从以下两个方向对范畴进行分析。

第一，纵向关系。纵向关系是指范畴内各成员之间是垂直关系或上下级关系。如图 6-2-1 所示：

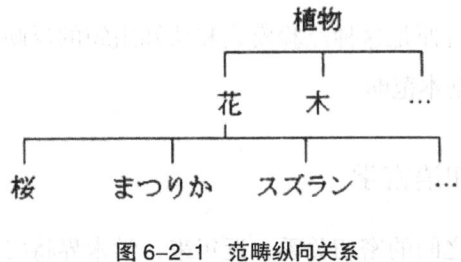

图 6-2-1 范畴纵向关系

在这个垂直关系中，这三个层次以中间的基本层次（「木」和「花」等）向上和向下进行扩展，向上扩展属于「植物」，基本层次「花」向下扩展可得到「桜」「まつりか」「スズラン」等更为详细的分类。由此可见，纵向关系关注的是基本层次。

第二，横向关系。横向关系是指范畴内各成员之间是并列的、互不从属的平行关系。如图 6-2-2 所示：

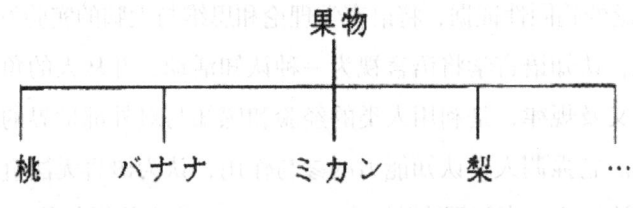

图 6-2-2 范畴横向关系

在上图中，「桃」「バナナ」「ミカン」「梨」都属于「果物」范畴，「桃」的作用是作为水果的原型出现，继而拓展出「バナナ」「ミカン」「梨」等。可见，横向关系中的重要理论是原型理论。

在认知语言学研究中，纵向关系的研究是关注的重点。在纵向层次中，以基本层次为中心，上移则是上位范畴，下移则是下位范畴。因此，从范畴的纵向关系角度，可以将范畴分为三个层次：基本层次范畴、上位范畴和下位范畴。下面对这三个层次分别进行论述。

1. 基本层次范畴

基本层次范畴通常是指最能满足人类认知和最能彰显文化的范畴。根据这一范畴，人们可以发现事物之间最大的差异。例如，作为基本层次范畴的「桃」与其他范畴（如「水蜜桃」「ツバイ桃」等）都不相同，但是仍然可以与「りんご」「西瓜」「葡萄」「バナナ」等一些水果类的范畴区分开来。可见，在基本层次范畴中可以发现范畴特性的最理想化结构，还可以发现世间万物之间的联系，因此这个范畴是最基本、最经济的范畴。

相关专业学者将基本层次范畴的特征概括为以下几点。

第一，能够为日常活动提供参考。

第二，代表部分—整体信息，且最具包容性。

第三，构成清晰图像，且最具包容性。

第四，该范畴的名称以可数名词为主。

第五，通过行为间的相互作用从而产生典型范式的最具包容性的层次。

2. 上位范畴

上位范畴具有更强的概括力，但缺乏具有普遍特征的整体形象，其内部各成员之间没有足够的共性去构成一个共同的完形。因此，人们很难通过完形结构来把握上位范畴的各个成员。但是，这并不意味着我们无法认知上位范畴。通常，人们都是从基本层次范畴提取一些特征，用于上位范畴。

例如，要掌握「果物」这一上位范畴的特征，人们可以根据其基本层次范畴的相关特征进行整合：「西瓜」甘甜、多汁，清香、酸甜等。通过这样的方式，人们慢慢会对「果物」的特征有一个大致的了解。从这个方面看，上位范畴又可被称为"寄生范畴化"。

相关专业学者将上位层次范畴的特征归纳为以下几点。

第一，该范畴的名称以物质名词为主。

第二，基本层次范畴的中间层次上位范畴与高级上位范畴之间有单一的修饰关系。

第三，该范畴的定义特征比基本层次范畴的定义特征少，因为其定义特征主要以基本层次范畴为基础来获取。

第四，尽管上位范畴中的成员与其邻近范畴成员更容易区别开来，但其内部的相似性却比较低。

3. 下位范畴

下位范畴是对基本层次范畴的进一步细化。通过下位范畴，我们可以感知基本层次范畴成员之间的差异。下位范畴的形态是典型的复合形式，结构较为复杂。这种复合形式通常由两个层次或多个层次范畴的词汇构成。但是，复合形式的意义并不意味着仅仅是简单的组成成分的组合。只有通过观察复合形式的语义框架，才能解释复合形式意义的特征。例如，「オレンジ・ジュース」，在这一复合形式中，「オレンジ」为「オレンジ・ジュース」提供的特征为：用橘子制造的，富含维生素，口感酸甜可口，有益于身体健康等；而「ジュース」为「オレンジ・ジュース」提供的特征为：这是一种不含酒精的液体，有解渴的功效等。

下位范畴具有很多鲜明的特征，可概括为以下三个方面。

第一，下位范畴是多词素性的，其最普遍的格式为修饰—中心语结构。

第二，下位范畴的信息量比上位范畴的信息量相对较少。

第三，与基本层次范畴相比，下位范畴的范畴性较弱，尽管下位范畴的成员间的相似性很高，但是与邻近范畴成员的区别性却很低。

（二）隐喻

隐喻是用一个概念来识解另外一个概念，隐喻涉及两个概念之间的对比。隐喻常常被描述为源域和目标域，源域是人们用来描述经验的方法，目标域是隐喻所描述的经验。

在认知语言学中，隐喻的简单表达式为：X 是 Y，则 X 是目标域，Y 是源域。认知语言学家通常将隐喻分为方位隐喻、结构隐喻和实体隐喻三种类别。下面我们主要对这三种隐喻进行分析。

1. 方位隐喻

方位隐喻（orientional metaphors）是指给概念一个空间方位，它以连接隐喻两部分的经验为基础，连接动词作为隐喻的一部分被看作将两段不同经历连接起来的媒介。此外，方位隐喻以人类身体和文化的经验为基础。

2. 结构隐喻

结构隐喻（structural metaphors）表明一个概念是以另一个概念隐喻地构建起来的。结构隐喻不仅使我们超越指向性和所指，还可以使我们通过一个概念构建另一个概念成为可能。

3. 实体隐喻

实体隐喻（ontological metaphors）是指人们通过实际的经验和物质实体为观察事件、活动、情感和思想等实体和材料提供了基本方法。实体隐喻服务于各种目的。例如，实体隐喻可以将事件、行为和状态概念化为实体。以涨价经验为例，这种经验可以通过名词"通货膨胀"被隐喻为实体。

（三）转喻

认知语言学将转喻定义为一种认知过程。在这个认知过程中，源域为统一域中的目标域提供了心理途径。还有学者对转喻提出了两种概念表征形式：部分与部分之间的转喻和整体与部分之间的转喻。

1. 部分与部分间的转喻

部分与部分间的转喻主要包括以下几个方面。

（1）知觉转喻。知觉在我们的认知世界里起着极为重要的作用，因而值得拥有自己的转喻。知觉是有意图的，知觉转喻与行为转喻可以进行交叉分类。

（2）容器转喻。容器的意象图式情境非常基础和固化，它应在地点关系上被看作一种转喻。

（3）行为转喻。它涉及行为者与谓语要表达的行为间的关系。

（4）修饰转喻。它主要被用于符号的省略形式。

（5）因果转喻。原因和结果相互依存，一个隐含另一个。此外，它们解释了人们因果混淆的事实。理论上，因果转喻会产生相互转换。

（6）生产转喻。这一转喻方式涉及生产行为。在行为中，每个参与者使生产行为产生产品。产品的生产是因果行为中突出的类别。

（7）控制转喻。它包括控制者和被控制者，产生相互转换转喻。

（8）符号和指代转喻。它们产生转喻，交叉切分实体域。在符号转喻中，词形替代一个相关的概念；在指代转喻中，符号、概念和词形替代外部事物。

（9）地点转喻。地点常与生活于该地点的人、位于该地点的著名机构、发生在该地点的事件以及该地点生产的产品和从该地点运输的产品有联系。

（10）领属转喻。领属转喻会产生相互转换的转喻。

2. 整体与部分间的转喻

整体与部分间的转喻具体包含以下几个方面。

（1）构成转喻。它涉及构成物体成分的物质或材料。

（2）标量转喻。标量是事物一种特殊的类，标量单元是类的部分。其中，整体标量可以替代标量上限，标量上限可以替代整体标量。

（3）压缩转喻。压缩转喻是符号形式的压缩。

（4）事件转喻。事件可被隐喻地视为事件的各个部分。

（5）事物及部分转喻。此转喻可以分为两个转喻变体。

（6）范畴及范畴成员转喻。范畴及范畴成员构成一种关系。

（7）范畴及属性转喻。属性既可以被隐喻地视为拥有的物质（属性是拥有）或被转喻地视为物体的部分。

（四）意象图式

意象图式是认知语言学家们近年来较为关注的热门话题，这里主要从意象图式的定义、内容两个方面进行探讨。

1. 意象图式的定义

意象图式这一概念最早是由美国约翰逊（Johnson）提出的。后来，意象图式经过一定的发展，不断地扩展到一些学科领域的研究中。约翰逊对意象图式的体验基础和意象图式在意义构建和推理中的作用进行了探讨。美国莱考夫用意象图式理论构建了自己的范畴理论。其他学者对意象图式理论在心理语言学中的作用进行了研究，利用心理学实验探讨了意象图式的心理真实性问题。随后，意象图式理论不断地扩展到对诗歌的研究、语法理论、数学以及语言的神经理论等领域。

关于意象图式的定义，很多学者对其进行了不同的表述，下面选取其中比较有代表性的定义进行分析。

第一，意象图式是一种动态模式，这种动态模式是通过感知的相互作用和运动程序获得的对事物经验给以连贯和结构循环出现的。意象图式存在于抽象层次，在命题结构和具体图式心理组织层操作。意象图式充当无数经验、知觉以及在相关方面构成物体和事件图式形成的识别模式。

第二，所谓意象图式，即空间关系和空间中运动的动态模拟表征。

第三，所谓意象图式，即通过将空间结构映射到概念结构上的方式，从而对人类的感性经验进行压缩、再描写。

2. 意象图式的内容

意象图式的结构有两个特点：其一是来自身体经验的前概念图式结构；其二是人的感觉互动的不断操作，通过空间把握物体的身体运动。意象图式主要包括以下几个方面的内容。

（1）路径图式。该图式涉及从一点到另一点的生理或隐喻移动，由起点、终点和系列中间各点组成。

（2）容器图式。该图式涉及生理的和隐喻的界限、闭合的区域或容器以及不闭合的范围或容器，如界限内外的物体、闭合内力的限制、闭合内物体的保护等。

（3）标量图式。该图式涉及生理或隐喻数量的增加与减少，如物理数量、数量系统的属性。

（4）垂直图式。该图式涉及"上"和"下"关系，如爬楼梯、直立、看旗杆等。

（5）连接图式。该图式由两个或两个以上由生理或隐喻连接起来的实体组成，如把灯与墙上的插头连接、孩子牵着妈妈的手等。

（6）循环图式。该图式涉及不断发生的事件或系列事件，如呼吸、睡觉与苏醒、循环、每天、每周、每年、情绪的增加与释放等。

（7）中心—边缘图式。该图式涉及生理的和隐喻的中心与边缘，从中心到边缘的距离范围，如个人的知觉范围、个人的社会范围等。

（8）部分—整体图式。该图式涉及生理或隐喻整体与部分的关系，如家庭成员、整体与部分、印度种姓等级等。

（9）力道图式。该图式涉及生理和隐喻因果互动关系，如强制图式、阻碍图式、反作用力图式、平衡图式、引力图式等。

第三节　日语心理语言学

心理语言学主要研究的是语言如何产生、语言如何习得、语言如何理解、第二语言如何习得等问题，并涉及脑科学、语言教学等内容。本节重点探究日语心理语言学。

一、什么是心理语言学

心理语言学（Psycholinguistics，「心理言語学」）是研究人们学习语言和使用语言心理过程的学科，是用实验的方法来探讨语言行为规律的学科。其研究目的是试图解决人类是如何获得、理解、学习、生成、运用语言等问题。

研究语言和心理的学问有心理语言学和语言心理学（Psychology of Language）之分。前者主要是从语言学的角度研究语言使用者的心理层面的问题，而后者主要是从心理学的角度思考语言的问题。本节主要探讨心理语言学层面的问题。

心理语言学的研究方法主要包括心理测量和统计在内的实验方法，同时在诸如言语习得等领域也采取自然观察方法和语料库方法。例如，美国斯坎特（Schachter）对母语为阿拉伯语、波斯语、汉语和日语的英语学习者做了研究，分析了他们在作文中使用英语关系代词的习得状况。结果显示，母语为汉语、日语的学习者出错少。由此可以说明，母语与英语之间的距离（难易程度）与学习者的出错率并不成正比。进一步的分析显示，母语为汉语和日语的学习者出错率小，是因为他们使用率低。

二、心理语言学的研究对象

心理语言学主要研究人理解、学习和使用语言的心理过程、心理机制及其发展规律。这里涉及两个概念：语言和言语。语言（language）是人类用来表达意思、交流思想、传递知识经验和表达情感的重要交际工具。语言以语音或字形被人所感知，语言的词汇标示着一定的事物，语言的语法规则反映着人类思维的逻辑规律。在这个意义上，语言是一个系统。对此，心理语言学是研究个体如何掌握和使用语言这一活动过程及其生理机制的。言语（speech）是人运用语言材料和语言规则而口头说出、文字书写或思考的活动。言语是一种心理现象，它具有个体性和多变性的重要特点。言语活动是人类普遍的交际形式，人与人之间的思想交流、信息的传递一般都是通过言语进行的。因此，在这个意义上，言语是一种心理现象。心理语言学主要是探讨人在交际活动中，作为个体的言语是怎样产生的，又是怎样感知和理解其他个体的言语活动，以及言语活动对其他心理活动的影响等。

心理语言学的具体研究对象有：语言的感知、理解、生成，语言的获得、处理，语言的缺失，语言与认知，语言与大脑，语言与情绪、个性的关系，语言习得，语言教育等。在第一语言习得阶段，通常1—2岁的儿童会从前语言阶段过渡到独词阶段和双词阶段。在这段时间，当简单的独词句或双词句无法满足他们所见到的越来越多的事物时，儿童会通过事物之间的相似性，对所指过分扩展（overextension，「過剰拡張」）或扩展不足（underextension，「過剰縮小」）。例如，有时日本的孩子会用「プープー」来指代所有像车的物体（过分扩展），有时却只指具体的小汽车、电气火车（扩展不足）等。而像孩子们常用的"羊妈妈""牛妈妈"的说法，便属于过分扩展。心理语言学在人们如何获得语言的问题上还存在着分歧：有学者认为儿童的语言主要是通过学习、强化以及对上下文概括等途径获得的，并借此理解和使用它；另一些学者认为人具有一种先天的理解和派生语言的能力和生理心理机能，儿童对语言的获得、理解和使用主要是由先天因素决定的。

三、日语心理语言学的沿革

历史上，古希腊哲学家亚里士多德和柏拉图均对语言与思维的关系表示过不同的看法；近现代欧洲学者如英国的培根、法国的笛卡儿、英国的洛克、德国的洪堡特和维特根斯坦也都探讨过语言与行为及心理的关系；英国生物学家达尔文从物种起源的角度观察语言的进化和儿童的语言发展；德国心理学家斯特恩研究儿童如何学话；法国病理学家布罗卡和德国的维尔尼克初步测定大脑左半球主管语言的部位。他们均为心理语言学的产生做了准备工作。

美国的学者们在1952年成立了语言学与心理学委员会。1954年，奥斯古德（Osgood）和西比奥克（Seboek）合编了《心理语言学理论和研究问题概述》

（Psycholinguistics：A Survey of Theory and Research Problems,「心理言語学：理論と研究問題の調査」），学界普遍认为这是心理语言学正式诞生的标志。

美国第一代心理语言学家是在行为主义心理学、结构主义语言学和信息论的影响下开展研究的。奥斯古德指出，语言在刺激和反应之间能起传递作用。例如，虚报过几次「狼が来たあ」，人们就不再害怕了，说明词语和事实的作用并不完全相同。所以，他认为行为主义的学习理论可以解释言语行为。米勒（G.A.Miller）则把信息论运用于语言研究，发现词在话语中的出现有一定的频率，可用概率表示。用行为主义的观点来解释心理语言现象时，学者们大都认为言语行为和人的其他一切行为一样，也是对刺激的反应，是联想的形成、实现和改变，是靠强化获得的。但是人们发现，单靠信息论还是无法完全说明人究竟是如何使用语言的。

20世纪50年代中期，随着美国乔姆斯基的转换生成语法的兴起，第二代心理语言学家应运而生。乔姆斯基认为儿童的大脑里有一种天生的"言语获得装置骨"，（language acquisition device，LAD），即人类头脑中固有的内在的语法规则。儿童运用这种普遍语法，就很容易理解别人的言语并掌握这种语言。为了证明儿童这种先天的机制，乔姆斯基提出了"语言能力（linguistic competence,「言語能力」）"和"语言运用（linguistic performance,「言語運用」）""表层结构（surface structure,「表層構造」）"和"深层结构（deep structure,「深層構造」）"等概念。学者观察过在实验环境下成长的一些聋哑幼儿，认为他们不经过母亲教导，也能用手势组成名词性词组和动词性词组，并把这两种词组组成一个系列，这可能是由于其具备天赋的语言能力。以米勒为代表的心理学家把转换生成语法运用到心理语言学的研究中，认为人们掌握的不是语言中诸如音素、词和句子等个别成分，而是一套规则系统。所以，他们认为言语活动不是对刺激的反应，而是由规则产生并由规则控制的行为，具有创造性。他们还认为心理语言学研究的重点不是人类各种语言的不同结构，而应重点研究存在于各种语言底层的普遍规则，以及研究这些普遍规则是如何转化为某一种特殊语言的。这种研究方向在20世纪60年代后已成为心理语言学研究中的主要倾向。

语言学界就乔姆斯基的理论曾进行热烈的争论，又有不少学者提出了新的模式，如"格语法""功能语法"等。这些模式的共同研究重点从表层结构和言语行为转移到深层结构和认知结构。其不但从心理学中吸收了语言学所需要的理论，还移植了心理测验的方法。米勒首先使用记忆和反应的心理学实验方法验证转换生成语法；布朗（R.Brown）到托儿所观察儿童是怎样形成自己的语法的；伦尼伯格（E.Lenneberg）则从生物学和神经生理学的角度研究语言产生的物质基础。但是，乔姆斯基过分强调先天的作用，受到了学者们的质疑。他们普遍认为，心理语言学不能只局限于验证某一语言模式，而必须研究语言运用的模式，即在听和说的过程中，语言知识是怎样被使用的，应建立自己的独立体系，于是出现了第三代心理语言学家。

第三代心理语言学家不赞成对言语过程作抽象的分析，而强调在语言环境中通过实验来探测思维和交际的过程。他们扩大了研究的领域，探讨有关理论。例如，布鲁纳（J.Bruner）向心理语言学界介绍了皮亚杰（J.Piaget）等的理论，使心理语言学获得新的论据。其中，维果斯基提出的"内部言语"说，不仅大大丰富了认知心理学，而且创建了当时的苏联心理语言学派。他的同事和学生鲁利亚（A.Luria）则试图从神经语言学方面来证实"内部言语"的学说。苏联心理语言学广泛采用神经心理学的实验材料，对言语过程进行神经心理分析。鲁利亚所著《神经语言学的基本问题》《语言和意识》等书，从语言学角度分析语言信息的编码和解码问题。欧洲心理语言学家把乔姆斯基和米勒的观点同欧洲传统的心理学联系起来，如英国心理语言学家格林（P·S.Green）所著《心理语言学：乔姆斯基与心理学》，从欧洲心理学立场阐述了实验心理学的成果。现在，心理语言学家普遍倾向于充分利用有关学科和学派的研究成果，研究领域已逐渐深入现代神经语言学和社会语言学的领域，在新的学习系统中，不同学派某些对立的观点被容纳，出现了多种学科和不同学派交叉的局面。

四、日语心理语言学的主要研究课题

心理语言学主要研究的是言语的产生、语言习得、语言理解与第二语言习得的问题。下面对其分别予以论述。

（一）言语产生

言语产生（speech profduction,「言語生産」）是心理语言学研究的重要课题之一，主要包含如下两点内容。

（1）通过"言语停顿""言语失误""言语障碍"所得的数据研究言语产生模型的数据，同时还需要研究言语产生的具体过程以及影响其产生的重要因素。

（2）通过人们在"语音特征""音素段""词素""短语""单词"五个层面的语言行为以及对言语者所呈现的"言语失误"现象进行分析，以获取言语产生的语言单位。言语产生过程中的"言语失误"主要表现在词汇组织、言语计划、口误等情况。

例如，有研究者发现，儿童出生之后的两年间，是对音和词进行区分的最佳时期。婴儿六个月的时候会对第一语言的元音产生感觉，九个月之后能够听出语言中特有音的组合，但是不能辨别外语辅音。即使能够听到外语的音，也会将自己听到的音按照自己已有的语音辨别单位来辨别。因此，日本儿童在哺乳阶段就已经不必对英语中的 /r/ 和 /l/ 进行区分了。

（二）语言习得

语言习得（language accquisition，「言語習得」）不仅是心理学、语言学共同关心的话题，也是心理语言学重点研究的课题之一。其主要研究的是语言发展的研究方法、儿童语言词汇及句子的学习和理解、语言的交际用途、儿童语言习得理论等。下面选取其中重要的内容展开分析。

人类对语言掌握的假说大体上可以分为两种：一种是先天习得论，另一种是后天学习论。前者认为人主要是依靠先天因素学会语言的，其学会的条件就是与语言环境的接触，教学起不到什么作用。后者认为语言是依靠后天学习而获得的，人通过学习掌握母语、第二语言，因此后天学习论又被称为"学得"。"学得"理论的假说有很多，常见的主要可以归结为以下两种。

第一，联结论。这一理论最有名的就是巴甫洛夫（Pavlov，「バーブロフ」）的条件反射说、斯金纳（Skinner，「スキーナ」）的"刺激—反应"说。例如，哥哥对弟弟命令道「行け！」，这个刺激就会在弟弟心中产生，随后弟弟就会自己练习「行く、行け」。

第二，认识论。这一理论最有名的就是格式塔理论、皮亚杰的认知发展论。这些理论认为学习属于一种认知活动，必须建立在理解的基础上。

（三）语言理解

语言理解（language comprehension,「言語理解」）是心理语言学集中谈论的话题，主要包含言语感知、词汇提取以及句子加工。

1. 言语感知

言语感知（language perception,「言語認識」）主要涉及"言语感知的条件""言语感知的手段""元音、辅音的听辨""言语信号的产生和语音的声学特征""书面语言的感知""连续性的语音听辨""言语感知模型"这七个层面的内容。

2. 词汇提取

词汇提取（lexical access,「語彙」）是指说话者说话时从自身词汇中选取单词的过程，主要研究的是"词汇的基本元素""心理词汇的基本研究方法""影响词汇提取的主要因素""词汇提取的主要模型"这四个层面。

3. 句子加工

句子加工（sentence processing,「加工」）主要研究的是"句法加工""句子结构的性质""句子分解的模型""句子分解和句法的模糊性"等层面的内容。

（四）第二语言习得

心理语言学在关注第一语言习得的同时，对第二语言习得也未曾忽视。第二语言习得（second language accquisition,「第二言語習得」）指的是人们的第二语言的形成和发展的过程，其与第一语言的学习是存在区别的。因为第一语言习得侧重的是在自然环境下无意识的习得，而第二语言学习主要侧重于课堂环境下有意识地学习。

第二语言习得理论作为一门独立学科，形成于20世纪60年代末70年代初，其研究目标主要探讨的是第二语言习得的本质和习得的过程，描述学习者如何获得第二语言，并解释他们能够获得第二语言的原因。第二语言习得理论最为著名的就是美国语言教育家克拉申的理论，下面重点分析克拉申的五个假设。

1. "习得—学得"区分假说

在这五大假说中，"习得—学得"区分假说（The Acquisition-Learning Hypothesis,「習得学習仮説」）是最基本的假说。所谓"习得"，是指学习者无意识地、自然地、不自觉地学习语言的过程。通过"习得"，学习者可以获取语言知识和语言能力。所谓"学得",是指学习者有意识地、正式地、自觉地去学习语言的过程。通过"学得",学习者可以获得语言规则。

2. 自然顺序假说

美国克拉申的自然顺序假说(The Natural Order Hypothesis,「自然順位仮説」)是指无论在母语习得过程中,还是在其他语言习得的过程中,儿童都要遵循一个预定的顺序,有些语法结构的习得较早,有些语法结构的习得较晚。当然,这种预定的顺序与语言教学的顺序并无多大关系,只是一个习得的顺序。例如,在英语习得中,儿童习得英语语法词素也需要遵循一个预定的顺序。

3. 监控假说

克拉申的监控假说(The Monitor Hypothesis,「監察仮説」)将"习得"与"学得"在二语能力发展中的作用区分开来,前者主要被用于语言输出,培养学习者自己的语感,从而在交际中说出流利的语言;后者主要被用于语言监控,即监控学习者的语言输出过程,从而检测出在交际中学习者是否运用了准确的语言。一般来说,这种监控可能在语言输出之前发生,也可能在语言输出之后发生。

另外,克拉申还指出学得的监控作用非常有限,并不是无限的,其监控需要受三个基本条件的限制。

(1)具备充足的时间。

(2)着重于语言形式,而不是语言意义。

(3)对语言规则有基本了解。

在这些条件的基础上,克拉申根据监控力度的不同将学习者分为三种类型:一是监控过度的学习者;二是监控不足的学习者;三是监控合理的学习者。当然,只有监控合理的学习者才能在恰当的时机、恰当的场合运用监控进行编辑和校正,从而保证输出的质量和速度。

4. 输入假说

克拉申的语言监控理论的核心在于输入假说(The Input Hypothesis,「輸入仮説」)。他指出,学习者要想获得"可理解性输入",就要求其输入不能过于简单,也不能过于困难。可理解性输入有其自身的公式,即 $i+1$,其中 i 代表学习者现有的语言能力,1 代表比现有语言能力略高的信息。当学生对略高于现有语言水平的语言规则有一个清楚的了解后,才能够习得第二语言。

总体而言，输入假说包含以下四项内容。

（1）与习得有关，与学得无关。

（2）学习者只有理解了略高于现有水平的语言规则，才能习得第二语言。

（3）当进行理解输入时，i+1 模式会自动包含在内。

（4）语言能力并不是通过教育掌握的，而是无意识地、自然地产生的。

5.情感过滤假说

克拉申的情感过滤假说（The Affective Filter Hypothesis）是将情感因素纳入第二语言习得的理解中，认为情感变量会影响第二语言习得，包含学习动机、焦虑感、自尊心、自信心等。这些情感因素会造成不同学习者的第二语言习得差异。

第七章 汉日语言差异比较研究

众所周知，中日两国一衣带水，自古以来就有着悠久的文化交流史，并带有浓郁的东方色彩，中日文化在许多方面都有着惊人的相似之处。然而，尽管汉语和日语均使用汉字，却又是两种完全不同的语言体系。本章内容为汉日语言差异比较研究，分别阐述中国大陆及港澳台地区的汉日语言差异、汉日语言差异比较研究的现状以及汉日语言学的词、音、义差异。

第一节 中国大陆及港澳台地区的汉日语言差异

中国大陆关于汉日语言比较的研究，可以追溯到张世禄先生1929年发表的文章《从日本译音研究入声韵尾的变化》。这是目前人们发现的大陆最早关于汉日语言比较方面的文章。直到20世纪80年代，才有一些汉语研究者和日语研究者注意到日语音读汉字问题，从音韵开始，展开对汉日语言比较方面的研究，陆续发表了若干篇相关的文章，逐渐引起了学术界的注意。其后便一发而不可收，日趋活跃而繁荣。

一、中国大陆汉日语言差异比较

（一）大陆汉日语言差异比较的特点

大陆汉日语言比较有以下4个特点。

1. 先涉足音韵、文字、词汇方面，其后是语法、修辞等

中国大陆汉日语言比较的成果，早期发表较多的是在音韵、文字、词汇方面。这可能同可比性、可比点有关。汉日两种语言有着共同的书写符号——汉字，因此便有了可比性，产生了大量的可比点。同时，这些可比点是有形的，从形式上大致可以看出二者同异差别。

2. 范围广，内容多

中国大陆汉日语言比较研究涉及语言研究的多个方面，文字、语音、词汇、语法、修辞等各个大大小小的语言点，都有成果发表，其中以词汇比较和语法比较研究方面的论文最多。

3. 可直接服务于教学的成果数量占大多数

在已发表的论文中，与教学有联系的约占总数的 80% 以上。这些成果的产生大多源于教学实践，在教学过程中发现而形成文字。它们或是与日语教学，或是与汉语教学紧密联系，也毋庸置疑地对日语或汉语的教学都起着积极的作用。

4. 主干力量中教师占大多数

从大陆汉日语言比较研究队伍的主干力量来看，主要是从事教学工作的教师，而专门从事研究的学者不多。其中，既有从事日语教学的教师，也有从事汉语教学的教师；有一些虽然离开教师岗位，但他们曾经做过教师。从作者的成果统计来看，与教师职业有关的约占 90%。这同两国邦交关系恢复之后，日语教育在中国的发展速度很快有关。日语教育的迅速发展带来教师队伍和研究队伍的快速增加和扩大，才有汉日语言比较研究的开始、发展和繁荣。

（二）大陆汉日语言差异比较的阶段

1. 萌动期（1979 年以前）

该时期虽然时间很长，但汉日语言比较研究成果甚少，更谈不上学术组织的建立、重要会议的召开等重大社会性活动。其原因是多方面的，有社会、政治等方面的原因，也有汉日语言比较研究本身的原因，还有精通汉语又精通日语的学者很少等原因。目前可以见到的该时期的成果有 4 篇文章：张世禄的《从日本译音研究入声韵尾的变化》；洪笃仁的《万叶假名与广韵对照》；刘介人的《日文汉字音读与中国汉字古读的对应规律》；包辛的《中日两国常用汉字的不同写法》。前 3 篇是关于汉日语音方面比较的研究，第 4 篇是关于中日两国常用汉字不同写法的比较。

张世禄先生的《从日本译音研究入声韵尾的变化》从以下七个方面进行了论述：（1）日本译音与中国古音研究；（2）汉音、吴音与切韵音的对照；（3）"切韵"入声系统的证据；（4）近代入声演化的几个解释；（5）音长和音调相互的变化；（6）

异化作用与同化作用；(7)韵尾变化和收音 i、u 的关系。其得出如下结论："切韵"入声的系统，和"切韵"时代以后入声种种的变化，从日本译音里可以寻出许多解释和证据。洪笃仁的《万叶假名与广韵对照》一文对日语万叶假名与汉语广韵进行了对照。全文分别从万叶假名、广韵出发，再分别以广韵、万叶假名与之比较，由此而得出了它们之间的十大特点。刘介人的《日文汉字音读与中国汉字古读的对应规律》指出，日文汉字音读法，渊源于中国对该字的读音。日文在借中国汉字进行音读时，虽然因时地之异而有吴音、汉音、唐音之别，但可以说它们均从不同角度模拟了中国古音的音值。

2. 发展期（1980—1999 年）

该时期共二十年时间，中国大陆汉日语言比较的成果数量有明显增加，共出版著作 5 本、文集 2 本，发表论文 257 篇；学术组织得以建立，学术会议得以召开，发展是明显的。其主要原因有：第一，中国大陆的学术环境明显改善，学术研究开始进入正常、稳定时期；第二，中日交流加速了学术交流，为汉日语言比较研究提供了良好的条件；第三，语言比较研究领域得到全世界学者们的注意。但该时期中国大陆的汉日语言比较研究仍处于零散的、不稳定的、边摸索边发展的阶段，还没有形成较为正规的规模，进入正常的轨道，相关活动尚未正常化，如相关的学术研讨会只是偶有所见，个别学术团体虽有出现但不久便自行消失，等等。

下面，本书对该时期研究进行简要总结。

（1）语音比较

首先，比较了现代汉语和现代日语语音的某些规律。游仲华的《现代汉语字音与日语汉字音读的对应规律》比较了现代汉语声母和韵母在日语中的对应情况：第一，汉语声母与日语辅音的对应规律，共 11 条。第二，汉语韵母与日语元音（含韵尾）间的对应规律，共 16 条。

如果说游仲华文找出了汉语声、韵母在日语中的对应规律，那么李怀墉的《日语元音和汉语元音的比较》则是就日语元音音素的主要特征同汉语做了比较，指出了发音部位和发音方法上的差异。日语的语音系统比较简单，只有五个元音音素，构成五个音位。五个元音音素，没有一个是和汉语音素完全相同的，有的差别还很大。

其次，比较了中日古今语音、方言等。对中日古今语音的比较研究，包括古代汉日语音的比较、古代汉语语音同现代日语语音的比较、古代日语语音同现代汉语语音的比较等。王力的《汉语对日语的影响》指出：汉语对日语的影响是很大的。至少在第三世纪，日本已经有汉字流传了。日本汉字的读音共有三种：最早传入日本的叫作吴音，后来传入的叫作汉音，最后传入的叫作唐音。

另外，以教学为切入点。汉语和日语的发音差别很大。从中国人学习日语和日本人学习汉语角度入手，密切联系教学实践，比较汉日语音同异，找出发音难点，分析原因，探索有的放矢、行之有效的语音教学方法，直接为教学服务，是很多文章的共同特点。这类文章占语音比较中的大多数。

（2）文字比较

提到汉日语言比较研究，人们首先会想到中日两国语言中都存在的被大量使用的汉字。那么，日语中的汉字与中国的汉字到底有着怎样的联系？二者有哪些同异之处？同与异是怎样产生的？它们对中国人学日语、日本人学汉语有何影响？这些都是日语和汉语教学、研究工作者努力考察、探讨的问题，也是汉日语言比较研究的一个重要内容。但专门就文字进行汉日比较研究的文章很少，主要集中在 20 世纪 90 年代。

一般来说，文字研究包括以下几个方面：文字的起源和性质；造字法；字体，包括字体的演变和文字结构的变化；文字的字义；文字的字音；文字的结构和书写；文字改革；文字的规范化；等等。这些自然也是中日文字比较研究的内容。就目前发表的文章看，对于中日文字的比较研究，还有很多内容值得考虑。

（3）词汇比较

在汉日语言比较研究中，词汇比较引起了众多学者的兴趣。汉语和日语在这方面的可比性最强，该方面的论文很多，其数量远远超过汉日文字比较、语音比较。就该时期词汇比较所涉及的内容看，主要以汉日同形词的比较为最，此外还有成语谚语比较、敬语比较等。

（4）语法比较

语法是研究语句结构的。无论是汉语研究还是日语研究，语法都是最基本的，也是最活跃的部分，因此汉日语法比较研究的情况相对来说也很复杂，其难度也很大。由于在教学中遇到的大量问题都涉及语法，所以该时期有关语法比较方面的论文数量也很多。从比较的具体内容来看，几乎涉及语法的各个方面。

（5）修辞比较

修辞，作为语言传统研究的一个重要领域，汉语和日语在这方面都取得了令世人瞩目的成就。但是，汉语和日语在修辞比较方面的成果相对于语法比较、词汇比较等要少得多，该时期未发现有相关著作问世，就连文章也屈指可数。从该时期涉及的内容来看，局限性也大，大多集中在比喻修辞格方面的比较研究。

3. 稳定期（2000年至今）

该时期中国大陆的汉日语言比较研究已经进入一个相对繁荣、稳定发展的时期。其最重要的一些特征是：第一，成果数量大大增加，超过以前研究成果总和的两倍以上；第二，相关学术研讨会的召开多样化、正常化；第三，一些学术团体重新组合、成立，且活动渐趋于正常；第四，学位论文数量猛增，这是以前所没有的。

下面，本书对该时期研究进行简要总结。

（1）语音比较

该时期语音比较方面的论文比较少，主要有蔡全胜的《中日音节的特征》等。蔡全胜的《中日音节的特征》从"共性"和"个性"两个方面对汉语和日语的音节进行了比较，发现两种语言的音节既有着各自不同的构成特点，但也有着一些共性方面的特点。李应赋的《从中日语言的联系看日文汉字的发音特点》指出：日文汉字无论从来源还是发音都离不开汉语。日文汉字的发音与汉语有一定的必然联系，也有其独特规律。日文汉字的发音中有吴音、汉音、唐音及惯用音之分，有音读和训读之别，还有同音和通音等，都存在着许多不同之处，并找出了日文汉字的一些读音特点和规律。

（2）汉字比较

该时期关于汉日文字比较方面的论文有不少。张慧荣的《中日汉字"形"与"神"的比较》指出：汉字属表意文字，其形体、释义和所要表现的内容有深刻的联系。并从"形神俱同""形同神异""形意神似"三个方面比较了两国汉字，认为只要能正确理解汉字的外形，就能够理解它所表达的意思，并且能体会出意义相近的两个字之间的细微差别。

（3）词汇比较

该时期汉日词汇比较方面的成果仍然很突出，约有百篇之多。内容涉及"同形词、成语谚语、惯用语、略语、颜色词、敬语、称谓语"等。

（4）语法比较

该时期语法仍是汉日语言比较的重点之一。在此不再详细叙述。

（5）修辞比较

该时期汉日修辞比较方面的论文多于以前，但与语法比较、词汇比较等相比仍是不多。

中国揭侠的《日汉语修辞的文化内涵》比较了修辞的定义、日汉语修辞方面的共性及各自的特点、文化内涵等。两者的共性是：直觉性、省略性、通俗性。汉语修辞的文化内涵注重循环思想和天人合一的整体把握，日语则较好地体现了日本民族的集体意识；日语的修辞偏重人际关系，而汉语却带有夸张、形象思维的特点。中国陈凌弘的《略论中日比喻修辞中的完全性比喻》指出：比喻的形式多种多样，从构成成分的组成结构上看，可以把本体、喻词和喻体均表现完全的比喻形式暂称为完全性比喻，即比喻修辞中最完整的比喻形式。其中，完全性比喻表现又大致分为完全性比喻句和完全性比喻短语两大类型。完全性比喻可以说是最完整的比喻形式。

（三）大陆汉日语言差异比较研究出现的原因

中国大陆汉日语言比较研究经历了三个特征相对明显的发展阶段。从宏观上讲，主要取决于内部环境和外部环境的变化与形成。

1. 外部环境

外部环境，此指学术研究以外的一些因素，包括政治环境、社会环境等。20世纪70年代的中日邦交关系恢复与国内的改革开放，给学术研究带来了前所未有的发展机遇，汉日语言比较研究处在如此大好的环境之中，自然会应时而动，按照事物本身发展的规律有所表现。外部环境的变化为汉日语言比较研究创造了极为有利的非常适合发展的条件、基础与保障。

2. 内部环境

内部环境，此指学术研究本身的一些因素。国内外比较语言学的兴起与研究有力地推动了大陆的汉日语言比较研究。

国内外比较语言学研究的日趋深入与方兴未艾，不仅为汉英语言比较研究，也为汉日语言比较研究提供了全面、具体、可行的学术支撑，奠定了大陆汉日语言比较研究的理论基础，大大推动了该项研究。大陆对于日语语言的学习和了解比较晚，改革开放以后日语才在大陆逐步得到较大范围的普及。在日语教育迅速发展的过程中，对日语感兴趣的人才逐渐多了起来。从事与日语有关工作的人数曾经很少，日语教育扩大以后才逐年增多，研究日语的学者随之逐渐增多。国内外比较语言学的研究进展也促使大陆的学者们开始对汉日语言比较研究产生兴趣。其中有从事日语教学及研究者，也有知悉日语的汉语研究者。中国人口众多，日语教育的迅猛发展，使日语学习及研究者的队伍迅速扩大，从事汉日语言比较研究的人数也快速增加。以上种种都为汉日语言比较研究快速进入稳定、繁荣时期提供了最基本的内因条件。虽然大陆的汉日语言比较研究与汉英语言比较研究在时间上相对滞后，在成果上也要少得多，但发展速度不可低估，研究成果相当丰硕，也是不争的事实。

二、中国港澳台地区汉日语言差异比较

从地域来看，港澳台地区汉日语言比较研究以台湾为主，香港和澳门只有零星一部分，且起步较晚，这是历史遗留因素使然。澳门在回归前，葡萄牙语在当地地位和重要性很高，不少澳门境内学校都以葡萄牙语作为主要教学语言。回归后，葡语的地位有所下降，英语地位提高。从1970年开始，澳门也有面向高中和社会的日语培训班，但日语真正作为一门独立的大学学科专业也是2003年才在澳门大学开设的。2009年澳门大学设立了港粤澳日本研究大学联合会。香港回归前主要使用英语教学，虽然日本殖民时期，日本曾试图推广日语教育，但效果甚微。1959年后香港也开设了日语培训班、专修学校等，后来也在大学设置日语课程，不过，直到1984年成立了香港日本语教育研究会，以及1985年香港大学开设了日本学科，某些大学才逐渐开展日语教育。台湾的情况则截然不同。台湾早在1895年便开始了日语教育，这样的状态维持了半个世纪。1945年到1952年出现过空白期，此后虽然政府也采取政策限制或禁止日语教育，但由于历史遗留因素影响太深重，无法轻易抹去，加上经济、文化交流的需要，日语教育在台湾的历史长河中始终占有极其重要的地位。中国台湾高校设立日语专业的时间较

早,1963 年"中国文化学院"成立了日语系。1989 年"台湾日本语文学会"成立,之后陆续有三个日语研究会诞生。

中国台湾最早的汉日语言比较雏形可以追溯到 1898 年台湾总督府所作的《日台小字典》,其后的论著当属 1983 年黄国彦的《中日两语对照分析论集》。而香港、澳门尚无专门的论著,只有相关期刊发表的论文。据不完全统计,截止到 2011 年 1 月,港澳台地区汉日语言比较研究方面的文章共发表约 212 篇,出版著作 13 本。其中,汉日汉字比较方面的著作 1 本,论文 8 篇;汉日词汇比较方面论文 40 篇;汉日语音比较方面的著作 1 本,论文 20 篇;汉日语法比较方面的著作 8 本,论文 112 篇;其他方面的著作 3 本,论文 32 篇。

(一) 港澳台地区汉日语言差异比较的特点

中国港澳台汉日语言比较研究有以下 4 个特点。

1. 研究面广,内容丰富

总体说来,该地区研究包括了音韵、词汇、语法、理论及其他方面等,每一项内容都含有若干子类,探讨的主题也是多而杂。

2. 实际问题探讨多,系统深度研究少

该地区研究成果主要是对日语或汉语学习、教学过程中遇到的实际问题的探讨,因此选题大多较细小零散,且研究目的多为教学提供帮助,理清学习者思路;涉及某一领域综述性、全面性、系统性的汉日语言比较研究成果较少。

3. 共时比较多

在港澳台的汉日语言比较研究中,以现代汉语(含当地方言)、日语为对象的共时比较居多,在音韵方面的研究成果中有少量追根溯源的异时比较。

4. 发表者以教师居多

该地区的汉日语言比较成果主要来自日语相关学会会刊、会议论文集及大学语言类期刊、文科类期刊等,发表者主要是当地日语教师。

(二) 港澳台地区汉日语言差异比较成果

1. 音韵比较

中国港澳台汉日音韵比较在 20 世纪七八十年代发表文章较多,共有 8 篇论文;20 世纪 90 年代出现下滑,仅有 3 篇文章;到了 2000 年后,音韵研究进入新时期，数量虽少，但在研究方法和深度上有所提高。

从内容和特点来讲，港澳台汉语和日语的音韵比较，主要可以概括为以下两个方面。第一，比较了中日古今、方言的音韵规律；第二，比较了现代汉语和现代日语的音韵规律。

2. 文字比较

中国港澳台地区的汉日文字比较研究较中国大陆而言，有其特殊的意义。大陆使用简体字，港澳台地区依然较为广泛地使用繁体字，而同属汉字圈的日本在借鉴吸收中国的汉字过程中，根据本国的语言发展需要，一部分原封不动地照搬中国古代的繁体字，一部分进行了字形的改造或简化，还自创了一部分汉字。因此，同样是使用汉字，日本、中国大陆、中国港澳台地区存在着相同、交叉、完全不同等情况。另外，大陆的学习者由于长期使用简体字，在习得日语汉字的过程中，很多情况下需先将其转换为汉语繁体字，再考虑汉语与日语的异同。港澳台地区的学习者由于日常生活就使用繁体字，在习得日语时与大陆情况相反，需记忆日本自创汉字、改造汉字和简化字。因此，中国港澳台地区探讨本地区汉字与日本汉字的异同时，较大陆相关研究，其研究结果是不一样的。

港澳台地区的汉日文字比较研究篇数较少，著书一部，发表论文 8 篇，时间主要集中在 20 世纪 80 年代。就港澳台汉日文字比较研究的成果来看，主要是字形比较和笔顺比较两个方面。

3. 词汇比较

在汉日语言比较研究中，除了汉字之外，词汇的差异无论从形式和意义上都是比较容易引起人们的注意，也是容易产生混淆的。因此词汇的汉日比较研究的数量仅次于语法比较，所占比重较大。

汉日词汇比较，从论文发表时间来看，1963—1979 年：4 篇；1980—1989 年：6 篇；1990—1999 年：9 篇；2000—2010 年 12 月：21 篇。就论文所涉及的内容看，同形词的汉日比较数量最多，惯用语、谚语比较次之，还有外来语、称呼语比较等。

4. 语法比较

中国港澳台地区的汉日语法比较，从发表论文来看，草创：1 篇；发展期：26 篇；巩固期：22 篇；飞跃期：63 篇；从出版著作来看，发展期：2 本；巩固期：5 本；飞跃期：2 本。

汉日语法比较主要包括"词法"和"句法"两大方面。港澳台地区汉日词法比较研究的成果主要涉及动词、形容词、数量词、代词、副词等研究。

5. 著作概述

中国港澳台地区的汉日语言比较研究著作主要为个人论文集，数量上比中国大陆少，内容上以语法为主，作者多为大学教师。下面选取其中一部分予以简述。

（1）《中日两语对照分析论集》

该著作首先概述了对照理论，接着主要从音韵、语法角度进行汉日对照研究。具体说来，依次从"対照分析理論の素描""中日両語音韻・音声比較""日本語有気音と無気音""中日両語母音無生化""中日外来語対照分析""中日両語受動文"几个主题探讨中日两语的异同。

（2）《中日言語対照研究からまた中国語特質及び中国語文法全貌》

该著作以中日比较的独特视角进行汉语语言的研究，讨论了汉语的自然被动句、汉语动词的自他性、汉语词性论及其结构论中出现的问题，着眼于汉语语法论的新观点、汉语的词的特征、汉语词序的语法意义及汉语语法全貌。该论著不再局限于用常规的汉语语法概论，而是在中日比较的前提下抽丝剥茧，将汉语语言特征和语法全相逐步展现出来。

（3）《日中両語における使役表現の対照研究》

该著作首先概述了对照理论，接着主要从音韵、语法角度进行汉日对照研究。具体说来，主要从"対照分析理論の素描""中日両語音韻・音声比較""中日両語母音無生化""中日外来語対照分析""中日両語受動文"几个主题探讨中日两语的异同。

（4）《汉日语语法比较论文集》

该论文集是黄朝茂将自己多年来发表的论文略加修改收录而成的，涵盖了汉日语的时制、疑问、否定形式的比较以及汉语的程度补语、结果补语、情态补语、连动结构、兼语结构与日语的相应形式的对比等，都是对日语语法及翻译教学中注意到的实际问题的探讨。讨论的主题包括"汉日语时间词之语法功能的比较""汉日语之疑问表达形式的比较""汉日语之反问与自问形式的比较""汉日语之否定表述形式的比较""汉日语之程度表述形式的比较""汉语之结果补语的语法功能与日语终结相的对比""汉语之情态补语的语法功能与日语之结果副词的对比"等。

中国港澳台地区有关汉日语言比较方面的论著以台湾地区为主，这与其日语教育研究发展的历史背景有着一定的关系。此外，该地区的论著多为个人的论文或论文集，而系统的语言学相关的专著较为少见。现实中，即使是这些为数不多的论文集，在当地书店也极为少见，仅在个别图书馆或个人资料室才能获取到，甚至早期的著作只有作者本人有几本私藏。因此给人们资料汇总造成了不便，只能选取其中的一部分进行讨论。这一点与内地情况截然不同，内地学者大量产出专业著作，以此衡量学术成果丰硕与否。其差异的形成当然有其客观的因素：一方面，由于台湾的研究评价衡量系统将重心放在热门议题的论文上，学校也希望老师每年都尽可能多地有期刊论文产出。而专书著作或教科书著作反而对老师平常的研究成绩没有帮助。因此，直接在期刊上刊登论文比较容易见成效，也省时间。而教师为了评职称，需要一本代表著作，便将以前的论文收录成论文集，在晋升职称后，就很少出版论文集了。另一方面是市场的因素。一般学生多会购买教科书、参考书，购买专书的主要为研究生，需求量较少，容易造成滞销，因此只有有限出版，出版后一般也仅收录在图书馆或资料室以供研究用。种种原因造成台湾的相关学者较少从事系统性的语言专著的写作，而多将精力花在论文的发表上，即使出了论文集，也多是系统性不强的同一领域的零散论文的集合。

第二节 汉日语言差异比较研究的现状

随着语言学的蓬勃发展，对比语言学这一分支也逐步形成了自己独特的体系，越来越多地受到人们的关注和重视。那么，汉日语言差异比较研究的现状如何？本节将详述上述问题。

一、汉日语言概貌与特征

（一）汉日语言概貌

1. 汉语语言概貌

汉语是世界上最古老的语言之一，也是至今通用时间最长的语言之一。汉语的标准语是近几百年来以北方官话为基础逐渐形成的，在中国大陆被称为"普通话"，在中国台湾被称为"国语"，在新加坡、马来西亚等被称为"华语"。汉语广义上是指汉族的语言，狭义上指普通话，操不同方言的人之间一般都会使用汉语标准语来沟通。汉语属于分析语，即孤立语。汉语的书写方式为汉字，是一种象形文字。五四运动之前所使用的书面语叫作"文言"，是一种以"雅言"为基础的书面语。五四运动之后所推动的书面语通常被称为"白话"，即以北方话为基础的现代书面语。在现代汉语的书面语中，文言已经很少使用了，但是文言文中的某些部分仍以成语等形式保留在现代汉语中。

汉语语法无任何时态变化，动词、形容词也无词形变化，基本上无连读现象，语言简练，发音清晰，语速相对缓慢。但语序的排列、汉字的书写以及发音（包括声调、轻重读、语气）等，对于外国人来说有一定的难度。尤其是汉语的虚词有时候会造成一些复杂的语法现象，给学习者带来一些障碍。此外，汉语的一些特殊词汇、特殊搭配也会给汉语学习者带来一定的困惑。

2. 日语语言概貌

如前所述，日语是一种黏着语（也叫"胶着语"），而在书写系统中存在很多借用的汉字。日语不仅在语法上富于形态变化，而且在语言表达上也极富变化。不单在文体上有口语和书面语之分，还在语体上有简体和敬体、普通和郑重、男与女、老与少之别，而且不同行业和职位的人说话都不尽相同。总之，由于性别、年龄、地区、职业、身份、社会地位以及所处场合等的不同，人们所使用的具体语言也有不同程度的差别。这些均体现出日本社会相对严格的等级观念和团队思维。例如，所谓的男女"有别"，即存在着专门由女性使用的"女性用语"。这种产生于封建社会的男女差别意识乃至"男尊女卑"意识的女性用语尽管二战以后逐渐走向衰落，但直到今天，日本女性在生活中使用的语言仍与男性有所区别。因此可以说，相对于汉语属于概念优先的语义型（論理型）语言而言，日语则属于场合优先的谦恭型（配慮型）语言。

（二）汉日语言特征

1. 汉语的主要特征

从语音、词汇和语法上可以体现出汉语的主要特征。

（1）汉语语音的特征

原则上，汉语的每个字的发音均由声母和韵母组成，声母一般为辅音，并以清辅音为主，浊辅音只有 m、l、r，没有复辅音。而且，除了 -n、-g 和儿化音节中的 -r 之外，其他辅音都不出现在音节尾。元音是汉语音节结构的核心，任何一个音节必有韵母，任何一个韵母必有一个或一个以上的元音。比较复杂的韵母由介音（i、u、ü），主要元音（a、o、e、i、u、ü）和韵尾（n、g）三部分组成。韵尾有的是辅音（如 in、ang），有的是元音（如 ou、iao）。部分汉字没有声母或被称为"零声母"（如 ao、ai、ei 等）。由于现代汉语的辅音以清辅音居多，清辅音声带不振动，所以音节中噪音少而乐音多。

汉语音节性强，汉语的音节是基本的表意单位，由声母、韵母、声调三个部分组成，构成汉语音节的三要素。起始的音是声母，其余的部分是韵母。声调是整个音节的音高，是音节的标志，每一个音节都有声调。很多外语的音节通常以元音为标志，两个元音就是两个音节。而汉语的复韵母即是两个元音（如：好 hao）或三个元音（如：教 jiao），仍表示一个音节。一个音节中，只有主要元音是不可缺少的，其余都不是必须出现的。之所以将声调也看成音节的组成部分，是因为汉语的声调有辨义的功能。例如，"汤、糖、躺、烫"四个不同的字的声母都是 t，韵母都是 ang，但因为声调不同，意义也不同。除四声外，还有轻声，但轻声不算正式声调，单读汉字时没有轻声，常常是双音词的第二个音节才有可能读轻声。据统计，不算声调的话，汉语的音节有 400 多个，但若连声调在内的话，则可达 1000 多个音节。

（2）汉语词汇的特征

汉语词汇的最大特点是单音成义，几乎每一个音节代表一个意义，每一个字代表一个音节。因此可以说，汉语是一字一音一义。汉语的语素绝大部分是单音节的（如：手、洗、民、失）。语素和语素可以组合成词（如：马+路——马路，开+关——开关）。有的语素本身就是词（如：手、洗），而有的语素本身不是词，只能跟别的语素一起组成复合词（如：民—人民，失—丧失）。有些语素虽然在现代汉语里不能作为一个词单独使用，但是有时候在借用古汉语的词句时，偶尔也作为词来使用（如：民以食为天、三人行必有我师）。

现代汉语里双音节词占优势，所占的比重最大，大部分双音节词都是按照复合方式构成的，使得汉语拥有结构和谐的美感和偶数对称的节奏韵律。因此汉语有节律型语言的倾向，其词语结构很容易受到音韵节奏的调节和制约，如很多词语都是通过扩张或压缩以满足双音节的节奏需要（月—月份，北京大学—北大）。除单音节词和双音节词外，还有多音节词，如三音节词（联合国、黑黝黝）和四音节词（红十字会、山清水秀）等。

（3）汉语语法的特征

缺乏严格意义的形态变化是汉语最重要的语法特征，因此语序显得尤为重要，其语法功能一般靠语序和虚词来表示。可以说，汉语在语法方面最大的特点就是语序的固定和虚词的使用。语序的固定是指句子成分在句中占有固定的位置，稍有变化，意思则完全不同。如"我要上春晚"和"要我上春晚"，"大不一样"和"不大一样"，"完全不懂"和"不完全懂"，"来早了"和"早来了"，"说不好"和"不好说"等。一般来说，汉语的主语在谓语之前，谓语在宾语之前，定语在所修饰的名词之前，状语在所修饰的动词、形容词之前，补语在所修饰的动词、形容词之后。汉语句子成分的位置固定以后，可以使人们清楚地辨认主语、谓语、宾语、定语、状语和补语等成分。因此也可以说，汉语属于语义型语言，有学者也称之为「論理型言語」，概念优先是其特点，一般来说其成句较短，且意思分明。

虚词的使用在汉语语法中占有极其重要的地位。比如，结构助词"的、得、地"和动态助词"着、了、过"的使用就非常有特点，也是汉语语法的难点。此外，用于句尾的语气词"呢、啊、呀、吧"等也是汉语的一大特点，这些词所表示的语气非常丰富，大部分都带着浓厚的感情色彩。根据语境的不同，同一个字有可能代表不同的语气。语气副词"偏、竟、都、就、并、难道"等，同样也带有浓厚的感情色彩，在使用上，语感的把握显得非常微妙。不同的介词，意思也完全不同，如"把他打了"和"被他打了"等。

2. 日语的主要特征

从语音、文字、词汇和语法上可以体现出日语的主要特征。

（1）日语语音的特征

日语的语音较汉语和英语而言相对要单纯得多。首先是元音的数量少，音素中只有 a、i、u、e、o 五个元音；其次是辅音的数量也不算多，有 k、s、sh、t、ch、ts、n、h、f、m、y、r、w、g、j、z、d、b 和 p。摩擦音 sh 和破擦音 ch、ts

以及j也属于单辅音。日语语音的这一特点导致日本人学习外语十分吃力，因为他们很难适应像汉语、英语等语言的复元音发音方法。

除促音和拨音外，日语开音节的语言特征比较突出，日语声调的变化体现在假名和假名之间，每个假名代表一个音拍，且有长音和短音的区别，长短音会改变一个词的意思。

（2）日语词汇的特征

日语中除大量的和语词汇和汉语词汇外，外来语所占比重也不少。从十六世纪开始，葡萄牙语、荷兰语、德语、俄语、英语等欧洲语言相继传入日本，给日语带来了大量的外来语，丰富了日语的词汇和表现力。

日语的词汇系统也非常庞大，一般包括意义系统（同义词、近义词、反义词等）、形态系统（语素、单音节词、多音节词等）、构词系统（造词法、合成词、复合词等）、词的种类系统（和语词汇、汉语词汇、外来语词汇等）、文字系统（假名、汉字、罗马字等）、文体风格系统（口语体、文章体、敬语体等）、位相系统（男性用语、女性用语、职业用语、方言等）等多个方面。

（3）日语语法上的特征

一般来说，日语的主语或主题在句首，谓语在句尾，其他成分在中间，即日语语序的大框架为：主语—宾语—谓语。具体来讲，谓语在宾语的后面，而不是像汉语、英语那样在前面。修饰语（包括相当于汉语的定语或状语等的成分）在被修饰语之前。基于日语黏着语的性质，谓语以外的其他句子成分多数没有严格的次序，可以灵活放置，有些成分还经常可以省略。语法功能主要依靠助词、助动词的黏着来表示词汇在句子中的地位以及时态、否定、推量、被动、可能等语法意义。日语的动词、形容词和助动词虽然有词尾变化，但不像英语那样受性、数、格等的影响。日语的名词、数词和代词等也没有性、数和格的变化，名词在句中做什么成分需要通过助词来表示。一般来说，日语成句较长，且意思迂回，不仅肯定否定之表达体现在句末，语态、时体、语气等语法现象也都体现于句末。

如前所述，日语中的敬语很发达，在日语中占有相当重要的地位，是日语的一大特点。日本人重视礼仪的特点在敬语中表现得尤为充分，敬语的使用使得在公众场合下的日语听上去十分高雅。但过于繁复的敬语系统又使学习者感到异常困难，即使土生土长的日本人要想完全熟练掌握，也绝非一件容易的事。一般来说，广义的敬语中包括尊敬语、自谦语和礼貌语三类。

二、汉日语言差异比较方法

所谓汉日语言比较，就是对汉语和日语这两种不同民族的语言进行对照、对比、比较。就目前汉日语言比较研究的方法来看，不外乎如下两种。

（一）共时比较

共时比较，就是对汉语和日语进行断代地、平面地、静态地比较描写。通过这种比较，可以了解汉日两种语言有哪些相同的地方，又有哪些不同的地方，让汉日语言的同异点展现在人们面前。这不仅有助于进一步认识和研究汉语或日语以及二者之间的联系，也有益于日语或汉语教学。其有重点、有取舍，与母语相同者少费精力、少花时间，与母语不同处多费精力、多花时间。这要比不论同异、不分重点，单就某一种语言进行教学的效果明显要好得多，易教易学。对汉日语言进行共时比较，只顾时同，不问时异；只管静态描写，不管源流演变。从目前汉日语言比较研究的成果来看，其方法大多属于这一种。

（二）异时比较

汉日语言比较研究的另一种方法是异时比较，通常被叫作历时比较。就是在对汉语和日语进行同异比较时，还要对其发展变化加以比较，寻找它们之间的历史演变轨迹，弄清它们之间的源流关系。这种比较，不仅能知其然，了解现代汉日语言的同与异，而且还能知其所以然。

从理论上讲，"共时比较"和"异时比较"是可以分得开的。因此，有学者便称"共时比较"为"对比""对照"，而把"比较"一词局限在"异时比较"方面。就基本词义和人们的普遍认知来看，"比较"就是"对比""对照"，"对比""对照"就是"比较"，并无实质性不同。但在其他研究领域，人们很少将它们截然分开，如"比较教育学""比较心理学""比较哲学""比较经济学""比较文学""比较美学""比较文化"等。从语言比较研究的具体情况来看，"共时比较"和"异时比较"难以绝对分开，经常互有渗透，互有交叉。因而也有学者认为，人为地将"比较"和"对比"两个词与"历时比较"和"共时比较"两种方法相对应而绝对分开，无甚必要。因此，没有必要在一两个领域将"比较"和"对比"截然分开，另外赋予它们专门的定义。根据汉日语言比较研究的实际情况，结合它们的基本词义和人们的普遍认知，本书赞同使用"比较"一词，"比较"与"对比""对照"通用，不作强行区分。

三、国内外汉日语言比较研究成果

20世纪80年代以前的汉日语言比较研究成果都不多，真正被重视、有较快发展的都是在20世纪80年代以后。中国学者的成果多于日本学者。不管在中国还是在日本，中国人发表的相关研究成果比日本人都要多。在中国发表成果的外国人很少，中国人占绝对优势。在日本，中国人发表的成果也多于日本人。不仅在中国，在日本也有大量中国人研究的成果问世。这同两国研究者的多寡有着必然的联系。

在日本发表的研究成果多于在中国发表的。截至2011年1月，中国汉日语言比较研究方面的文章共发表945篇，出版著作38本、文集7本；日本汉日语言比较研究已出版相关专著51本，发表论文1367篇。

第三节 汉日语言学的词、音、义差异

一、汉日同形词差异对比研究

汉日两国虽都使用汉字，但分别植根于中国文化和日本文化之中的同形词却未必完全相同。随着时代的变迁和推移，其词义的内涵和外延、词的性质和用法等方面都发生了很大的变化。在汉日词汇对照研究中，同形词最为热门，因为同形词在中国人学日语以及日本人学汉语的过程中所起到的迁移作用最大。

（一）汉日同形词的定义和由来

汉日同形词的概念为国内外日、汉语教学界所特有，这是因为在汉语中汉字是唯一的文字，汉字既是表记也是语素。但在日语中，同样一个汉字有时兼跨表记和词形两个方面，如和语词「山（やま）」中的「山」，这个字仅是「やま」这个词的表记字，而汉语词「山水」中的「山（サン）」却是构词语素。因为前者

属于字训范畴，也就是用汉字来对应相应的和语词，汉日两个词之间没有借用关系；后者则大多数属于整词借用关系。

有学者着眼于词的外形特点，将同形词的外延扩大至"汉语和日语中所用汉字相同的词"上。如此一来，不仅包括了二者，更将毫无联系、纯属偶合的"手纸"这样的词也纳入其中。其结果是，所含词语过于繁杂。而且在日语中汉字表记的使用并非强制，可用假名替代的情况十分普遍。为此，需要明确何谓"同形"？应限定这里所谓的"（词）形"是指"音读汉语词"的词形，也就是包括读音、词义在内的作为词的音义结合体之本身。因为唯有在音读汉语词中，词形和表记才是统一的，也才能与拥有同源关系的汉语词在一个具有可比性的平台上进行比较。因此，汉日同形词也可以被称为「同起源语」（拥有借词关系）。

反之，在汉语中字和词的概念区分不大清晰，同形词的概念容易被人误认为仅仅是着眼于所用汉字相同，故有日本学者有鉴于此，提议使用「同表記語」的提法，以区别于既有的「同形語」概念。而在日本的日语学界，因缺少汉日对比研究的背景，「同形語」指的是诸如「工夫（くふう・こうふ）」和「丁場（こうば・こうじょう）」这样的日语中的表记形式相同而发音或词义有所区别的情况。

汉日借词的大量存在是长期以来两国历史文化交流的结果。近代以前主要是汉语词传入日语，近代以后则发生逆转，汉语吸收了大量的日语词汇，其中包含了原本产生于中国后由日本逆流入汉语的词语。近代以后也有少部分日本训读词传入中国，并沿用至今，如「場合」「手続き」「取消」等。虽然数量不多，且为训读词，但属借用关系，也被纳入同形词范畴。此外，还有一部分熟字训，如「田舎」「紅葉」等也是古代汉语传入日语所致，故也被放入其中。另像「平和」「制限」这样的字序颠倒的词是否算作同形词还未有定论。需要指出的是，中日两国都进行过文字改革，字形字体上有所不同，一般在进行同形词研究时皆忽略此类差异。

（二）汉日同形词的分类

关于同义词的分类，我们可以根据需要，从不同的角度进行分类。

1. 与中文相对应的汉语分类

这种分类法是最早的分类，出自「中国語と対応する漢語」。

（1）S类（same）：華僑、革命、文化、科学、普通

（2）N类（nothing）：平和、講演、苦労、裁判、紹介

（3）O类（overlap）：保守、単位、分配、休養、妖精

（4）D类（different）：工夫、工作、検討、迷惑、勉強

2. 词形分类

若着眼于词形进行分类的话，一般可将同形词分为以下三类。

（1）标准而典型的同形词：海外、科目

（2）略有不同的同形词

①字数不一：不可思议（不思議）、地铁（地下鉄）

②字序颠倒：平和、制限、紹介

③训读词：手続き、手紙、田舎、大人、今朝

3. 词类分类

若从词类的角度来分的话，一般可将同形词分为以下几类。

（1）日语为名词时汉语可为形容词或动词：天然、初級、関心、打撃

（2）日语为サ变动词时汉语可为名词或形容词：結論、電話、発送、緊張

（3）日语为形容词时汉语可为动词：明白、豊富

（4）日语为自动词时汉语为他动词：参加、影響、反対

（5）日语为他动词时汉语为自动词：録音、消毒

4. 词义分类

从词义的外延来看，一般可将同形词分为以下四类。

（1）汉语词义的外延大于日语（汉包日）：料理、翻訳、大事、保険、緊張

（2）日语词义的外延大于汉语（日包汉）：愛情、注意、失礼、道具、監督

（3）汉日词义范围相互交错（汉日交叉）：新鮮、地方、意見、是非

（4）汉日词义范围毫无关系（汉日分离）：質問、勉強、新聞、切手

5. 词的意义分类

若从意义上来分的话，一般可将同形词大致分为以下三类。

（1）意义一致或几乎一致的词：教育、地理、図書、選手

（2）意义差异较大的词：工夫、怪我、一向、結構

（4）意义有部分重叠的词：貴重、莫大、是非、用意

（三）汉日同形词的褒贬色彩研究

汉日同形词在一定程度上反映出社会文化背景和思维方式的同与异。下面重

点考察如下几组汉日同形词语义褒贬色彩的异同及其相关的社会文化因素。

1. "执着"与「執着」

"执着"一词原为佛教用语，指对某一事物坚持不放，不能超脱。这种行为是佛教教义所不提倡的，故该词带有贬义色彩。进入日常语言生活之后，被用以泛指固执或拘泥。从各种原语辞典所收的例句来看，日语基本保持了这一负面评价，而汉语除此之外，亦可用于褒义，指对某种事物追求不舍。例如：

（1）過去片塾差文登。（贬义）

（2）不要执着于生活琐事。（贬义）

（3）执着地献身于祖国的教育事业。（褒义）

由此看来，同出于佛教用语的"执着"一词在不同的社会文化环境中有了不尽相同的变化轨迹。

日语：（佛语）贬义——（一般用语）贬义。

汉语：（佛语）贬义——（一般用语）贬义——（一般用语）贬义·褒义——（一般用语）褒义。

同一种行为，有时会有多种语言表达形式。汉语、日语均有与"执着"词义相同或相近的一些词。

汉语：执着、固执、拘泥。

日语：固執、拘泥、こだわる。

2. "事业""业绩""事件"与「事業」「業績」「事件」

（1）日语中也有「事業」与"事业"

汉语：

其一，人所从事的、具有一定目标、规模和系统而对社会发展有影响的经常活动。例如，革命事业、科学文化事业、事业心。

其二，特指没有生产收入，由国家经营开支，不进行经济核算的事业。例如，事业单位。

日语：

其一，仕事。特に、社会の意義のある大きな仕事。例えば、維新の事業、福祉事業。

其二，営利を目的として営む経済活動。例えば、事業を起こす。

如果仅从词义上进行比较，汉语、日语各自的义项一基本对应。义项二各不相同，区别在于汉语该义项特指非营业活动，而日语该义项则专指营利行为。

（2）"业绩"与「業績」

汉语指完成的事业和建立的功劳，重大的成就。例如，光辉业绩。日语「事業」一方面与经营活动密切相关，另一方面还包括研究成果。例如，学問の記優業績。

通过"事业"与"业绩"的汉日比较，可看出汉语、日语所指对象的不同。汉语比较宽泛、宏观，强调对社会有贡献的活动及成果，日语则比较具体、微观，指经营、研究等具体活动及成果。相同之处在于，这两个词均为褒义。

（3）"事件"与「事件」

日语：犯罪、騒ぎ、事故など、人々の関心を引く出来事。例如，先生方は緊急会議を開き、事件の処理について話し合いました。

汉语：历史上或社会上发生的不平常的大事情。例如，政治事件、四五事件。

通过释义和例句可以看出，就事件一词而言，汉语一般指对社会历史产生重大影响的大事，而日语则涵盖日常生活中发生的大大小小各种事端。

3. "策略"与「策略」

以"策略"为例，通过对若干近义词构成的词群的分析，观察到汉语"策略、计策、计谋、阴谋"词群分布涉及从褒义到贬义整个区域，而日语「策略、計略、謀略、陰謀」的分布较为集中在贬义区域，显示出对此行为本身的负面评价。

汉语：这样做不够策略、交际策略。

日语：敵の策略を見張り、その裏を書いて大勝利を収めた。

4. "经验""教训"与「経験」「教訓」

"经验"与"教训"在汉语里可以说是一对反义词。那么，在日语中情况如何呢？

（1）经验与「経験」

汉语：主要指由时间得来的知识或技能。例如，交流经验、经验丰富。

日语：実際に自分が見たり、したりした事。また、そのようにしてえた知識や技能。

例如，こんな嫌な経験をするのは初めてだ。

（2）教训与「教訓」

汉语：其一，教育训诫。例如，教训孩子。其二，从失败或错误中取得的知识。例如，接受教训，改进工作。

日语：行動の参考となるような有益な教え。例如，当店の繁栄は、先代の残した教訓を守り、着実に営業してきた結果です。

通过以上释义和例句可以看出，汉语的"经验"主要表示由工作或生活中得来的有用的知识、技能等，做名词。做动词使用时，其所表示的"曾经体验过"的语义逐渐为"经历""体验"所代替。而这正是日语「経験」的主要含义。日语表示经历某事，引申为由此得到的知识、技能，可被译成汉语的"经历""体验""经验"等。

从褒贬色彩来看，汉语"经验"为褒义，可以受褒义形容词"先进"的修饰，可以成为向别人介绍、互相交流、学习的内容，而日语「経験」褒义不如汉语强烈，甚至可以说属于中性词语。给人的感觉仅仅是当事人的亲身体验，有好有坏，并没有上升到可供学习的高度。

汉语的"教训"做动词时，主要指责备、训斥；做名词时，指从错误或失败中取得的知识。从褒贬色彩来看，二者均针对负面行为而言。日语的「教訓」主要作为名词使用，指对行为有益的教导。通过例句可以看出，日语的「教訓」实际上涵盖了汉语"经验"和"教训"的语义范围，故而其褒贬色彩为中性。

（四）汉日同形词的学习策略

汉日同形词对于中国日语学习者来说无疑是一把双刃剑，优劣势均十分明显。特别是对于同形异义词，为了更好地把握这类词语，我们要做好以下几个方面。

首先既不能忽视母语迁移的正面作用，同时也要充分注意语境、语体等变量因素对词义的限定甚至改变作用。

其次，大致以明治前后为界，之前主要是中国向日本输出词汇，明治以后则是日本向中国输出词汇。近代以来，大量新汉语词被输入中国，故形成大量中日词形相同的词。近代两国都面临来自西方文化的导入，在翻译新词时，起初各自都有一定的探索，但后来近代中国一面倒地输入日本词汇（有的属于逆流入），这些词主要包括哲学、科学、社会、艺术等方面的词汇。从词义上看，大致是学科性强、用法局限的词，汉日之间的差别一般不会很大，因为所指对象概念基本一致，而且学科词的词义概念一般比较限定，形成时间较短，没有太多的时间促使词义分化。反之，近代以前被日语所吸收的汉语词当中，进入时间越早，差异则越明显。

再次，日语词汇丰富。大致上看，日语同形词的词义较为限定，而汉语与之对应的同形词在使用时往往会通过隐喻等手段使词义的伸缩性变强。

最后，特别是在学习具有形容词（形容动词）性质的同形词时，不仅要注意词义差别，更要注意词与词的搭配问题。

二、汉日语音差异对比研究

汉语和日语分别属于两个不同的语音系统，两种语言的发音差别很大，但同时亦有一定关联。无论是从语音学的角度，还是从音位学的角度，以及生成音系学的角度，二者都有许多内容可比。汉语的单音节和声调，被国际语言学界看作汉语语音的本质特征。即汉语一字一音一义的特点和每一个音节都有固定的能区别意义的声调是汉语语音的最大特点。而日语语音的开音节化以及音节之间特有的声调，则被国际语言学界看作日语语音的本质特征。通过对比分析汉日两种语言的语音体系，我们可以发现许多在各自语言的本体研究中难以发现的现象，使得一些隐藏在两种语言中的不同的现象显现而出，从而进一步揭示出两种语言各自的细微面貌。

（一）音素的汉日对比

1. 汉日元音的对比

汉语的单元音有10个，为了更清楚地说明其与日语的关系，本文只选了与日语相似的五个来进行比较。

（1）a 与あ的对比

汉语单元音 a，它在发音时口大开，舌尖与下齿龈接触，舌尖下沉，舌中微微鼓起。总体特点就是开口度大、舌位低、不圆唇。

日语中的あ的发音特点是双唇肌肉放松，舌尖放低并稍微向里缩。与汉语相比开口度要小。

（2）o 与お的对比

汉语单元音 o 在发音时，口腔半闭，舌根抬起，舌头后缩，双唇要收敛，稍稍向前撮，但不要向前撇，双唇间留下大约一个指节的距离即可。总体描述就是开口度小、舌位偏高、圆唇。

日语中お的发音要领则是舌头向后缩，后舌面隆起，唇部收缩为椭圆形，唇部和舌头的肌肉略微紧张。

（3）e 与え的对比

汉语单元音 e 的发音技巧其实就是在 o 的基础上将双唇向两边展开。在发音时开口度没有 o 那么大，舌尖离开下齿背，舌面较平，不圆唇。

日语中え的发音要领则是前舌面隆起，舌尖抵住下齿龈，开口度位于 a 和 i 之间，舌位与 i 相比较低。在发音时双唇略向两侧展开，舌部肌肉略微紧张。舌位不要滑动，保持口型不变。

（4）i 与い的对比

汉语单元音 i 在发音时开口度较小，舌尖抵住下齿背，舌中不隆起，舌面前部稍稍抬起接近硬腭，舌高点较为靠前，不圆唇。

日语中い的发音要领则是前舌面向硬腭靠近并隆起，舌尖稍稍碰触下齿背。发音时唇部和舌部肌肉较为放松。い是日语元音中舌位最高的元音，但与汉语比较仍然偏低。从开口度方面来看，横向开口度与汉语 i 相同，但横向开口度比汉语小。

（5）u 与う的对比

汉语单元音 u 在发音时开口度较小，舌尖离开下齿背，舌头向后缩，舌根抬高接近软腭双唇向前撮，呈圆形。总体描述就是舌面高，后圆唇。

日语中う的发音要领则是，舌根隆起靠近软腭，开口度比 i 略小，双唇自然合拢。与汉语相比，发日语う音时舌位较为靠前偏低。

2. 汉日辅音的对比

汉语共有辅音 22 个，清辅音 17 个，浊辅音 5 个；日语共有 21 个辅音，其中，清辅音 10 个，浊辅音 11 个。从总量上来看，汉日的辅音数量相差不大，清辅音不及汉语多，但浊辅音的数量则大大超过汉语。

（1）塞音的送气不送气对立与清浊对立的差异

在日语中，送气与否不属于音位对立的情况，只是同一个音位的随意音品。因此日本学生在学习 p、t、k 这三个辅音时觉得发音和听辨都很困难，这是因为日语中的塞音没有送气与不送气的对立，只有清浊的对立。而日语的清浊对立又会对汉语的学习产生负迁移，因此我们常常听到日本学生"兔子"和"肚子"不分；"跑了"和"饱了"不分等。

（2）塞擦音发音部位的差异

在汉语中，塞擦音有舌尖前音、舌尖中音和舌尖后音三组音位对立，日语里只有舌尖中音和舌叶音两组音位对立。日语里没有舌尖后音和舌面音，舌叶音和舌尖前音是同属一个音位的两个音位变体，这五组不重合而又互相交叉的塞擦音给日本学生的汉语学习带来不小的困难。

（3）擦音中的唇齿擦音 f 和舌根擦音 h 与双唇擦音ふ和喉擦音は

这几个音的发音方法相同，只有发音部位不同。日本学生在学习中常碰到的困难主要为总是用ふ来代替 f，这个困难相对比较容易解决，因为唇齿音和双唇音发音部位的差别通过目测就可以观察得到；其次就是は和 h 的混淆。

（4）汉语的边音和日语的闪音

边音是指发音时舌尖抵住上颚，舌的两边放松，气流缓缓地从舌的两边流出的音。而闪音是指舌或唇在张大的气流的冲击下，轻轻弹动一次而发出的音，闪音这种辅音，介于一般辅音和颤音之间。

（二）音节的汉日对比

一般情况下，汉语是一个汉字一个音节，而日语是一个假名一个音节。汉语的音节是指由一个或两三个元音为中心紧密结合的一个板块，而日语虽然每个假名都是紧密结合的一个个板块，但在一般发音中还有较为松弛的发音单位，即所谓的"长音节""拨音节"和"促音节"。汉日两种语言的音节概念中包含着不同的内容。

归纳起来，汉语和日语在音节上的差异主要表现在以下几个方面。

首先是数量上悬殊较大。可以说汉语音节数量比日语多得多，汉语音节共有 400 个左右，加上声调大约 1000 多个。关于日语的音节总数说法不一，有 102、

103、108、112、120 个等各种说法，但无论是哪种，日语音节都只是汉语音节的 10% 左右。

其次是音节的结构类型不同。日语的音节结构主要类型有：元音音节（如「あ」「お」）、辅音+元音音节（如「か」「ま」）、拨音音节（如「いんらん」）和二连元音构成的音节（如「あい」「さえ」）、长音音节（如「おう」「つう」）、促音音节（如「っ」）、拗音音节（如「きよ」「しょ」）等。而汉语的音节则较为复杂，可以归纳出以下几种结构类型：如 a、ai、an、ba、bai、ban、jia、jiao、jian、jiang 等。

再次是音节的种类不同。日语的音节（除拨音音节外）一般是以元音结尾的，因此具有开音节的特性；而汉语音节中除少数像日语那样的开音节以外，还存在着很多以鼻韵尾结束的闭音节。

最后是音节的长度对意义的影响不同。日语的音拍具有等时性，即每个音拍的长度基本上是相等的。日语中音的长短对于词义的辨别十分重要。也就是说，日语音节的长短很重要，因为它具有区别意义的功能；汉语在音节上不注重等时性，也不存在区别意义的功能，只是有时拖长音拍时会起到抒发感情或表示强调等作用。

（三）声调的汉日对比

第一，日语和汉语的声调在性质上有着根本的区别。日语的声调表现在音节与音节之间，而汉语的声调表现在音节内部。具体来说，日语的声调表现在词的层面上，是词内部音节与音节（或音拍与音拍）之间的高低配置。一般来说一个词可以是一个音节或多个音节，但一个词只能有一个声调。汉语的声调与日语不同，它不是表现在词的层面上，而是表现在字的层面上。通常是一个字一个音节，一个音节一个声调，因此也可被叫作字调。换句话说，汉语声调的变化表现在音节的内部，其变化在音节的内部得以实现，而且是固定地覆盖于每一个音节之上的。因此也可以说，对于汉语的音节而言，声调是不可或缺的组成部分之一。

第二，日语和汉语的声调类型不同。日语中没有"高低高"型的声调配置，而汉语的上声（第三声）是"高低高"型的配置；日语属平缓型声调，而汉语属激昂型声调。一般来说，日语声调的类型只有两种：平板型和起伏型。后者还可以被细分为：头高型、中高型、尾高型；而汉语有五种：阴平、阳平、上声、去声和轻声。这种平、升、曲、降的"曲线声调"具有调型丰富、曲拱复杂、抑扬顿挫明显等特点，因此也可以称之为"旋律型"的声调。而日语声调的变换相对较为平缓、单纯。而且，日语的声调从低到高时升幅较小。

第三，汉语声调的辨义功能远远大于日语。日语除「気」和「木」、「雨」和「飴」等一些有限的词当中声调具有区别意义的作用以外，绝大部分日语词汇的声调与词义没有太大的关系。可以说，靠声调才能区别意义的词在日语词汇中所占的比例很小，但在汉语中声调的辨义作用却是举足轻重的。

第四，汉语的声调在句子中相对比较固定，而日语的声调在句子中易发生变化。日语的词在词形发生变化（如名词的复合、用言的活用等）时，声调也随之发生相应的改变。

第五，从音域的角度来看，一般来说，汉语词语内部音节之内高低变化的幅度比日语要宽，即汉语的相对音域比日语大。这也是汉日语音差异的一大特点。因此汉语听上去声音的起伏较大，口型的变化幅度也比较激烈，甚至有时会给人一种吵架的感觉；而日语由于音域相对较窄，听起来比较平和、温柔，且口型的变化幅度也不是很大，但语速较快，给人一种低声细语之感。

第六，从句子的语调来看，由于日语在每个音节的内部并无音高的变化，一个词或短语内部从高到低的音高变化也只允许有一次，因此，日语句子的整体听觉印象是：音高相对较为平坦，高低起伏的变化不像汉语那样明显。而汉语由于每一个音节都有声调，因而整个句子听起来高低起伏、抑扬顿挫的感觉比较明显。也正是由于汉语每个音节的字调都占用了相当的音高资源，所以留给语调的音高变化幅度也就很有限了，因此我们才会感到汉语句子末尾的语调升降没有日语那么明显。

（四）基于日本《常用汉字表》（2010）的中日汉字读音对比

近年来，由于日本原1981年版《常用汉字表》中一些汉字并非日本人日常生产与生活中所常用，而相当一部分实际中常用的汉字此表却又并未收录。于是日本政府在征求了一些官方与民间人士的意见后，于2010年在原《常用汉字表》的基础上，增补了196个常用汉字，删去了5个不常用的汉字，形成了现在的《常用汉字表》。新版《常用汉字表》意义非常，不仅供日本人自己使用，如果以日语为外语的学习人群想要通过全世界最具权威的新日本语能力测验最高的N1级，这2136个汉字的书写形式及其读音和含义必须要牢牢掌握。本书中所研究的对象汉字皆选自日本最新版的《常用汉字表》（2010年）中收录的汉字，并且其音读式发音也一般不超出该表的范围。为了避免有的日本汉字与现行中国的同形异字相混淆，或者与中国现行汉字相差较大，我们在后面的括号内注明其原来的繁体汉字。另外，一个汉字若有另外的音读式发音，一般也在括号内注明。

我们都知道，每一个单独的汉字即对应汉语的一个音节，其发音都可以从声、韵、调三个方面来分析。汉语的声母和韵母在日语的汉字音读中有较好的对应关系，而汉语的声调与日语的音调却并不是一回事。

比如汉语声调有阳平和去声，日语的音调也有上升和下降两种类型。但从每个汉字单字的发音上来看，并非所有汉语阳平声字在日语中都读升调，去声字也不都读降调。此外，汉语的阴平和全上声在日语中都没有类似的调型。为对日语汉字的语音情况与汉语语音做出准确的对比，我们将以现代汉语声、韵母为主要依据，对日语汉字的音读表现做出分析。我们也兼顾古汉语中的入声字的入声塞尾在现代日语中仍有比较清晰的表现形式，在韵母部分的最后，将原属古汉语入声的字单独列出，以供参考。

为了更好地阐明中日两国汉字今日发音的对应关系，我们有必要在这里提及相关的汉语音韵学知识。由于篇幅有限，下面我们就简单举例个别声母、韵母，看看这千百年来汉语语音是怎样变化的。

1. 现代汉语声母在日语汉字音读中的表现

由于书写汉语的文字不是拼音文字，在字典刚刚诞生的时期，其编者对于难读字往往采取"读若"（即"发音与另外某字相似"）的办法来注音；由于"读若法"带有很大的模糊性，后来又产生了"直音"（即"发音与某字完全相同"）法。直音法虽然解决了汉字注音的不确定问题，但是总有些字找不出与其读音完全相同的字来，或者虽然有与其发音一致的字，但是该字比被注音的字更加罕用。所以无论用以上哪种办法，都不能将所有汉字的读音一一标注清楚。作为这两种注音方法的补充，后来又产生了"变调法"（即将一个字的声调改变来表示另一个字的读音）。这样所有汉字的读音基本上能够比较准确和全面地表示出来。

虽然"直音法"和"变调法"出现后已经基本解决了汉语的难字注音问题，但是人们唯有在已经掌握了大量汉字字音的基础上，才能够以此方法来查阅字书。

这时，历史已经到了两汉六朝时期，由于佛教的传入带来的译写佛经的需要，梵语音节的元辅音相拼法启发了一些有语言学造诣的僧侣和文人。于是各家此后纷纷用不同的、较常用的汉字来表示当时的汉语中一个固定的韵母或者声母的发音。在这些用单个汉字表记固定的声母的人中，五代时期的和尚守温从常用汉字中选取了30个声母均不相同者作为代表，来表示当时汉语的全部声母。这就是著名的"守温三十字母"，我们将其按发音部位作如下排列。唇音：不、芳、并、明。舌头音：端、透、定、泥。舌上音：知、彻、澄、日。牙音：见、溪、群、来、疑。齿头音：精、清、从。正齿音：审、穿、禅、照。清喉音：心、邪、晓。浊喉音：匣、喻、影。

到了宋代，由于汉语语音又有了一些变化，于是在此基础上形成了后来的"宋人三十六字母"。宋人三十六字母与守温三十字母相比，除个别代表用字作了变更或者发音部位的调整外，又增加了"轻唇音"四字母：非、敷、奉、微。娘、床母分别从泥、禅母中分离出来。我们仍按发音部位排列如下。重唇音：帮、滂、并、明。轻唇音：非、敷、奉、微。舌头音：端、透、定、泥。舌上音：知、彻、澄、娘。齿头音：精、清、从、心、邪。正齿音：照、穿、床、宙、禅。牙音：见、溪、群、疑。喉音：影、晓、匣、喻。半舌音：来。半齿音：日。这些"字母"不但总体上按照相同发音部位分组排列，而且每一组相同发音部位代表字的排列顺序也都是有规律的：帮组、非组、端组、知组、见组都是按照不送气清塞/塞擦音、送气清塞/塞擦音、浊塞/塞擦音、鼻音来排列，而精、照两组则按照不送气清塞擦音、送气清塞擦音、浊塞擦音、清擦音、浊擦音来排列的；也有的排列法把舌头、舌上音和齿头、正齿音分别合并为两大组，称"舌音"和"齿音"的，这样粗分法的舌音和齿音各母字的发音方法一般也仍然是按顺序一一对应而排列的，只不过有的分法另将半舌音来母和半齿音日母都放在舌音组（按照一些语言学家的拟构，日母组字的声母中古时发音的前半部分是一个鼻音音素，该音素即中古娘母组字的声母，故由此看来日母也可被归为舌音）。

（1）现代汉语零声母字在日语汉字音读中的表现

现代汉语普通话零声母的来源比较复杂，主要来源有原中古汉语的影母、喻母（除了读作 róng 的几个字）、疑母（除了读 nüè、ni 的和"凝"字这几个）、微母（除了"曼"字，另："葛"字 màn、wàn 两读）和日母中今天读作 er 的几个单字。

其中来源于古疑母在日语汉字音读中读作が、か行；古微母字大多吴音读为ま行，而汉音读为ば行；古影母、喻母字则大都读为あ、や和わ行；日母中今天读作 en 的几个单字其日语汉字音读吴音为に，汉音为じ。

我们按照汉语拼音发音的顺序依次来分析。

①以 a 开头的零声母字

第一，现代汉语读 qi 的，日语汉字音读都读作あい：哀、挨、爱、暧。

第二，现代汉语读 an 的，日语汉字音读除"岸"读がん外，都读あん：安、案、暗。

第三，现代汉语读 ao 的，日语汉字音读除"傲"读ごう外，"凹"和"奥"读おう。

在这些字发音的中日音感对比中，前两组字发音比较类似，可以用来在教授日本学生学习汉语语音时进行辅助性的对比教学，而第三组则差得较远，尤其"傲"前面还有一个浊音 /g/，在教授日本学生学习汉语语音时没有什么对比教学价值。

②以 e 开头的零声母字

第一，现代汉语读 e 的，日语汉字音读为やく、が的各 1 个：厄、饿，"额"和"颚"形旁相同且日语汉字音读相同，为がく，"恶"汉语两读，日语汉字音读与之对应：当"坏"讲时念 è，旧读入声，日语汉字音读为あく；作"厌"讲则读 wù，日语汉字音读为お。

第二，现代汉语读 en 的只有 1 个"恩"，日语汉字音读为おん。

第三，现代汉语读 er 的字，日语汉字音读吴音为に，汉音为じ，除"二"及其大写"弌"（贰）常用吴音外，余下的几个一般只用汉音，如：耳、儿（兒）。

在这些字发音的中日音感对比中，除第二组字"恩"发音的鼻音稍有类似外，中日汉字发音差得都较远，在教授日本学生学习汉语语音时没有什么对比教学价值。

③以 o 开头的零声母字

这一组字最少，只有现代汉语念 ou 的 3 个，其中发阴平声且同一声旁的 2 个日语汉字音读都为おう：欧、殴；发上声的一个日语汉字音读为ぐう：偶。在这几个字发音的中日音感对比中，"欧"和"殴"比"偶"字的发音双方要更接近一些，可以在教授日本学生学习汉语语音时用来进行对比教学。

④以 w 开头的零声母字

这一组字较多，成分也较刚才三组复杂了许多。

第一，现代汉语读 wǎ 和 wài 的各 1 个。"瓦"日语汉字音读为が，"外"吴音げ，汉音がい；

第二，现代汉语读 wan 的，上声 1 个，日语汉字音读为ばん；阴平"湾"、去声"腕"各 1 个，日语汉字音读都为わん；"万"也读去声，日语汉字音读吴音为まん，汉音为ばん；剩下的都读阳平。日语汉字音读为かん的 1 个：完，为がん的 3 个：丸、玩、頑。

第三，现代汉语读 wang 的，日语汉字音读为おう的有 3 个：王、往、旺；声旁相同且吴音为もう、汉音为ぼう的 3 个：亡、妄、望，只读もう和ぼう的各 1 个：網、忘。

第四，现代汉语读 wei 的，日语汉字音读为えい、き、ぎ的各 1 个：衛、危、偽；读み的 2 个声旁相同：未、味；读び的也有 2 个：微、尾；读い的最多，有 15 个。其中"唯"另读ゆい，剩下的 14 个字是：威、為、用（幸）、違、維、偉、委、萎、位、畏、胃、尉、慰。

第五，现代汉语读 wen 的，日语汉字音读为おん和もん的各 2 个：温、穩／紋、問；另有 2 个字吴音读もん、汉音读ぶん：文、閒。

第六，现代汉语读 wēng 的 1 个：翁，日语汉字音读为おう。

第七，现代汉语读 wo 的字有：渦、我、沃、握，日语汉字音读分别为か、が、よく、あく。

第八，现代汉语读 wu 的，日语汉字音读为お、おく的各 1 个：污、屋；日语汉字音读为ぶ的 2 个：侮、舞；声旁相同、日语汉字音读为的 2 个：務、霧；日语汉字音读为ご的 5 个：呉、五、午、誤、悟；吴音读もつ、汉音读ぶつ的 1 个：物；吴音读、汉音读ぶ的 2 个：無、武。

在这些字发音的中日音感对比中，"湾""腕"两字两国的发音比较类似，可以用来在教授日本学生学习汉语语音时进行辅助性的对比教学，而其他组不是声母辅音部分差得较远，就是韵母元音差得比较大，更多的是两者仅有语言学上的对应关系，而听上去并无任何相似之处。

第七章　汉日语言差异比较研究

⑤以 y 开头的零声母字

这一组实际上按照实际发音的不同可以分为以 i 音和以 ü 音开头的两组，我们下面分别来看一下。

首先，以 i 音开头的如下。

第一，现代汉语读 ya 的，日语汉字音分别读为あつ、おう、あ的各 1 个：圧、押、亚；日语汉字音读为がい的 2 个有相同声旁且都读阳平调：涯、崖；日语汉字音读为が的 3 个，也都是同一声旁：牙、芽、雅。

第二，现代汉语读 yan 的，日语汉字音读为いん、けん的各 1 个：咽、研；日语汉字音读为がん的 2 个：岩、颜，吴汉音一致读げん，另有惯用音けん的字 1 个：験（驗）；吴音读げん、汉音读がん的 1 个：眼；吴音读ごん、汉音读げん的 2 个：厳、言；日语汉字音读的为 8 个：烟、延、炎、沿、塩（鹽）、演、宴。

第三，现代汉语读 yang 的，阴平 1 个：央；日语汉字音读为おう，其中读上声的 1 个：仰，日语汉音为ぎょう、惯用音为こう；另有上声、去声各 1 个：養、様，与余下的 5 个阳平调字：揚、羊、陽、瘍、洋，日语汉字音读一致，为よう。

第四，现代汉语读 yao 的，日语汉字音读中除"業"读やく外，其他 7 个都读よう：妖、腰、窯、謡、揺、要、曜。

第五，现代汉语读 ye 的，上声 2 个和去声 1 个，日语汉字音读都是や：冶、野、夜；剩下 4 个去声字，旧读皆为入声。其中"業"吴音读ごう、汉音读ぎょう；葉、液、謁在日语汉字音读中则分别读作よう、えき、えつ。

第六，现代汉语读 yi 的，日语汉字音读分别为いち、おつ、げい、やく、けい、いつ的各 1 个：壱（壹）、乙、芸（藝）、訳（譯）、詣、逸；吴音读いつ、汉音读いち的 1 个：一；读えき的 2 个：易、駅；日语汉字音读为ぎ的 5 个，其中 3 个声符相同：儀、宜、疑、義、議；同一声旁且都读去声（旧都读入声）的日语汉字音读おく为的 3 个：億、憶、臆；日语汉字音读为よく的字有 3 个，其中两个声旁相同：抑、翌、翼；日语汉字音读吴音为やく、汉音为えき的 3 个：疫、役、益；读い的较多，有 9 个：衣、医、依、移、遺、以、椅、異、意。其中"遺"另读：ゆい，与现代汉语的读音"wèi"相对应。

第七，现代汉语读 yin 的，除读阳平的有 2 个字"吟""銀"日语汉字音读

157

为ぎん外，其他 7 个字都读いん：因、陰、姻、音、淫、引、飲、隐、印。"音"字还另读おん。

第八，现代汉语读 ying 的，日语汉字音读为げい、けい、こう的各 1 个：迎、蛍、硬；日语汉字音读为おう的 2 个：応（應）、桜（樱）；日语汉字音读为えい的 4 个：英、営、影、映。

第九，现代汉语读 you 的，日语汉字音读为よう、ゆ的各 1 个：幼、油；日语汉字音读为ゆう的 8 个：優、憂、幽、悠、猶、郵、友、誘；吴音为う、汉音为ゆう的 2 个：有、右；吴音为ゆ、汉音为ゆう的 2 个：由、游，其中"由"另有一发音ゆい。

在这些字发音的中日音感对比中，汉语读的日文汉字音读い的有 9 个字：衣、医、依、移、遺、以、椅、異、意，在两种语言发音的对比中除日语不具声调外，元音音值是几乎完全一样的，可以用来在教授日本学生学习汉语语音时进行辅助性的对比教学，其次则是汉语读 yin 日文汉字音读いん的 7 个字：因、姻、音、淫、引、飲、隐、印。其他组的都差得远了一些，不适于语音对比教学。

再者，以 ü 音开头的如下。

第一，现代汉语读 yong 的，日语汉字音读为よう的 4 个：擁、庸、踊、用；剩下 5 个上声字，同一声旁且日语汉字音读都えい的为 3 个：永、詠、泳；余下 2 个也声旁相同，日语汉字音读都读ゆう：勇、湧。

第二，现代汉语读 yu 的，日语汉字音读为きょう、ぐ、ぎょく、いく、うつ、く、いき、ゆう的各 1 个：魚、愚、玉、育、鬱、獄、域、裕；日语汉字音读为ぐう的 2 个，其声旁相同：隅、遇；日语汉字音读为ご的 2 个：娯、語；日语汉字音读为よく的 2 个，其声旁与声调都相同：浴、欲；日语汉字音读为ゆ的 4 个，其声旁也相同：愉、諭、喩；都读上声且日语汉字音读为う的三个：宇、羽、雨；日语汉字音读为上的 5 个：余、与、予、預、誉；吴音为ご、汉音为ぎょ的字 1 个：御；汉音为ぎょ、惯用音为りょう的 1 个：漁，其读音实际为"猎"（獵）的近似义转借。

第三，现代汉语读 yuan 的，日语汉字音读为がん的 1 个：願；现代汉语读阳平、日语汉字音读为いん的 2 个：員、院；现代汉语读阳平、日语汉字音读为げん的 2 个，且其声旁相同：原、源；现代汉语读阳平、日语汉字音读为えん的

第七章　汉日语言差异比较研究

6个：圈、円（圓）、援、縁、猿、媛；汉音读げん，惯用汉字音读がん的1个：元；吴音读おん、汉音读えん的2个：遠、怨。

第四，现代汉语读yue的，除"约"读阴平外，都读去声，另：这一组字旧读皆为入声，所以在日语汉字音读中都有表示古汉语塞尾-k、-t的-〈和-つ。其中日语汉字音读为がく的2个：岳、楽；"楽"另读らく与现代汉语的读音lè相对应；汉音为げつ，惯用音为がつ的一个：月；读やく的两个：约、躍；读えつ的三个：悦、閱、越。

第五，现代汉语读yun的汉字只有三个，日语汉字音读为いん的一个：韻；其他两个读うん：雲、運。

由于日语中没有与汉语的ü较接近的发音，这组字都不能在教日本学生学习汉语时对其有所帮助。

（2）现代汉语声母为b、p、m、f的汉字在日语汉字音读中的表现

这一组声母发音部位都在唇部，除f是唇齿擦音外，b、p、m都是双唇音。其中b、p是爆破音：b不送气、p需要送气，m是鼻音；从发音方法上来看b、p、f是清音，m是浊音。为了便于陈述，我们在这里将这些字按照在日语汉字音读中发音分布情况由单纯到复杂的顺序进行排列，我们下面按照普通话声母m、b、p、f的顺序进行分析。

①现代汉语普通话声母为m

这一组的日语汉字音读基本都位于ま行（吴音），但是由于受到中古汉语中部分明母字声母塞音化的影响，一部分汉字的日语汉字音读有ば行（少部分は行）的发音（汉音）。其中只用ば（は）行发音的字34个：馬、罵、買、麦、売（曹）、蛮、忙、猫、冒、留、帽、貌、没、梅、媒、美、泌（は行）、秘（は行）、勉、苗、描、秒、蔑、敏、漠、墨、某、母、牧、募、墓、睦、慕、暮；ば行、ま行两读的8个：眉、米、模、末、謀、木、目、幕；剩下的42个字则都只读ま行音：麻、埋、脈、満、慢、漫、盲、毛、矛、茂、枚、每、妹、昧、魅、門、盟、猛、夢、迷、密、蜜、眠、綿、兔、面、麺、妙、滅、民、名、明、鳴、冥、銘、命、魔、膜、摩、磨、抹、默。

②现代汉语普通话声母为b、p、f

这一组的日语汉字音读都在ば、は两行，这是因为古汉语无"轻唇音"，凡

159

现代汉语普通话声母为 f 的，古代汉语都在帮 /p/、旁 /pʻ/、并 /b/ 三声母。而日语古时无 /h/ 音，现今书写为は行的古时都读为今天的ぱ行，今天的ぱ行是后来才产生以拼读原は行 /p/ 音为读音的。于是，在对应古汉语帮、旁、并三字母上，日语汉字音读为ば（吴音）、は（汉音）两行。

下面我们来按照普通话声母 b、p、f 的顺序来具体看看。

普通话声母为 b 的，日语汉字音读为ば行的字 14 个：拔、棒、傍、暴、爆、備、倍、鼻、便、弁、别、勃、部、簿；普通话声母为 b 的，日语汉字音读为は行的字较多，有 77 个：八、把、罢、霸、百、败、拝（拜）、班、斑、般、颁、搬、坂、阪、版、半、伴、邦、包、胞、停、薄、宝、飽、保、报、抱、卑、杯、悲、碑、北、背、被、蜚、奔、本、崩、比、彼、筆、瞥、必、闭、陛、蔽、弊、壁、避、璧、边（邊）、编、变、遍、標。表、俵、賓、浜（濱）、氷、兵、丙、柄、餅、併、並、波、剥、鉢、伯、泊、舶、補、哺、捕、布、怖；普通话声母为 b 的，日语汉字音读ば行、は行两读的字不多，仅有 6 个：白、板、病、博、不、步。

普通话声母为 p 的，日语汉字音读为ば行的字 12 个：盤、陪、培、賠、盆、膨、瓶、婆、剖、僕、撲、朴；普通话声母为 p 的，日语汉字音读为は行的字较多，有 29 个：拍、俳、排、派、畔、泡、砲、配、暗、批、披、皮、疲、匹、癖、偏、片、漂、票、頻、品、平、評、塀、迫、破、舗、普、譜；普通话声母为 p 的，日语音ば行、は行两读的字不多，仅有 2 个：判、翁。

普通话声母为 f 的，日语汉字音读为ば行的字 13 个：乏、伐、罰、番、坊、防、妨、房、肪、紡、仏（佛）、縛；普通话声母为 f 的，日语汉字音读为は行的字较多，有 71 个：発（發）、髪、法、帆、翻、藩、繁、反、返、犯、氾、汎、飯、範、販、方、芳、倣、訪、放、飛、妃、非、扉、肥、廃（廢）、沸、肺、費、紛、雰、墳、粉、奮、憤、豊、風、封、峰、蜂、縫、俸、否、夫、唐、敷、伏、扶、払（拂）、服、浮、符、幅、福、府、腐、父、訃、付、負、婦、附、阜、復、複、赴、副、富、賦、腹、覆；普通话声母为 f 的，日语音ば行、は行两读的字不多，仅有 4 个：凡、煩、分、奉。

由于日语今古语音系统的差别，今日日语的汉字音读中除了在多汉字词非首字的促音化及连半浊现象以外，没有任何单字发音发其辅音为 /p/，原读 /p/ 字中的辅音已全部改读 /h/。加之日语中也没有唇齿音 /f/，所以这一组能够用于辅助语音教学的字就只有那些汉语声母为 m，而日语只读ま行第三组的 42 个字。日语ぱ行假名的辅音 /p/ 虽然不用于汉字音读词头的发音，但是可以作为 /h/ 的变体出现在促音和拨音后。日语的ぱ行假名在外来语或拟声词中可以用于词首，其辅音发音变体类似于汉语拼音的 p。再加上这些字的汉语声母与日语汉字音读的差异来综合考虑的话，这几个汉语声母对日本学生的难易梯度为 m<b<p<f。

（3）现代汉语声母为 l、d、t、n 的汉字在日语汉字音读中的表现

这一组声母发音部位都在舌尖中部，其中 d、t 是爆破音；d 不送气、t 需要送气，n 是鼻音，l 是边音；从发音方法上来看 d、t 是清音，n、l 是浊音。按照在日语汉字音读中发音分布情况由单纯到复杂的顺序进行排列的原则，我们下面按照普通话声母 l、d、t、n 的顺序进行分析。

①普通话声母为 l

这一组的汉字共有 112 个，因其古代汉语声母也大都为 l，在日语汉字音读中几乎全部对应为ら行，除了一个字例外："售"读た行音。这是因为中古以前汉语其声母为 n，对应吴音な行；中古以后塞音化后读过 /nd/，对应汉音た、だ行。直至近代汉语其声母才转读为 l，日语汉字音读中保留了 /d/ 的对应形式，今天读作ちん。剩下的 111 个字为：拉、辣、来、頼、欄、藍、覽、濫、郎、廊、朗、浪、劳、老、酪、楽、雷、墨（壘）、淚、类、累、冷、厘、離、璃、礼、理、裏、里、力、暦、歴、立、吏、麗、励、利、例、戾、隷、慄、粒、痢、連、廉、練、錬、恋、良、涼、糧、両（兩）、量、療、僚、寮、了、料、瞭、列、劣、烈、猟（獵）、裂、隣、林、臨、需、鈴、陵、雾、齢、領、令、留、流、硫、瑠（琉）、柳、六、竜（龍）、籠、隆、楼、漏、露、炉、虞、陸、録、賂、路、麓、呂、侶、路、履、律、慮、緑、卵、乱、略、倫、輪、論、羅、裸、絡、落。

②普通话声母读 d

普通话声母读 d，日语汉字音读为だ行这一组的字有 14 个：打、弹、導、第、電、動、働、洞、独、段、断、鈍、奪、堕、惰；普通话声母读 d，日语汉字音读为た行这一组的字有 75 个：搭、套、達、答、带、待、怠、岱、逮、戴、丹、担、胆、誕、淡、当、党、刀、岛、倒、到、悼、盗、稻、得、德、灯、登、等、低、堤、滴、的、敵、笛、嫡、邸、底、抵、帝、通（遞）、諦、締、典、点、店、彫、釣、調、迭、丁、町、頂、訂、東、冬、凍、棟、都、斗、（鬥）、痘、督、篇

賭、妬、渡、端、鍛、堆、隊、対、頓、多；普通话声母读 d，日语汉字音读为だ行、た行两读这一组的有 8 个：大、代、旦、道、弟、殿、読（讀）、度。另外，矛盾的"盾"日语汉字音读为じゅん，不在だ、た行范围之内，这是因为该字汉语另有一读音为 shǔn，日语取该读音而不取 dùn。

③普通话声母读 t

普通话声母读 t，日语汉字音读为だ行这一组的字有 12 个：、曇、談、堂、題、同、銅、童、脱、妥、唾；普通话声母读 t，日语汉字音读为た行这一组的字有 54 个：他、塔、踏、胎、太、汰、熊、泰、嘆、炭、探、湯、唐、糖、逃、陶、討、騰、謄、藤、提、体、替、天、添、填、挑、眺、貼、鉄、庁、聴、廷、亭、庭、停、艇、通、統、筒、痛、投、透、品、突、徒、涂、途、吐、退、屯、豚、託、拓；普通话声母读 t，だ行、た行两读这一组的有 6 个：台、壇、頭、図（圖）、土、団（團）。

④普通话声母为 n

这一组的汉字，较声母是 l、d、t 的相比，来源略微复杂了一些。依照我们前面的分析，古汉语声母本来为 n 的，日语汉字音读为な行和た、だ行。其中：日语汉字音读为な行的字有 15 个：那、奈、南、難、悩、脳、能、尼、年、捻、尿、寧、農、濃、弄；读为だ（た）行的字有 10 个：耐、泥、匿、溺、鳥、奴、努、怒、暖；な行、だ（た）行两读的字不多，仅有 3 个：納、男、内。还有一些字今天声母为 n 的，中古以前属疑母字，即当时声母为 ng，其相应的日语汉字音读在が行。这样的字也较少，有 5 个：擬、逆、凝、牛、虐。

对比过中日双方汉字的相关发音，我们可以看出此处的日文汉字中可以用来进行语音辅助教学的有汉语声母读 n 的，日语汉字中音读只为な行的 15 个字，还有辅音与汉语声母 d 读音相同的清塞音 /t/，即第三类中只读た行的 75 个字，这些字都可以在语音对比教学中用到。/t/ 在日语词首的发音变体类似于汉语的声母 t。

而汉语的声母 l 在日语中没有完全相同，但是有较为近似的发音，即 l 与ら行假名的辅音发音方法相同而发音部位不同。故此组声母的学习难易梯度为 n<d<t<l。

2. 现代汉语韵母在日语汉字音读中的表现

前面我们分析过了声母，这回我们来看一下韵母。上古汉语的韵母按照明清以来汉语语言学家的考订,在《诗经》所记录的西周时代,汉语的韵部应有大约30个左右。六朝时期,由于诗歌创作的需要,汉语的四声即"平、上、去、入"被明确提出划分开来。除了入声因尾音不同外,原来属同一韵部而声调不同的平、上、去三声就都被划分成了不同的韵部。到了隋朝陆法言的《切韵》问世,韵部已经细分到多达200来部。随着汉语语音的发展变化,继《切韵》之后的《广韵》《集韵》《平水韵》等韵部也都有不同的变化。

到了元朝以后,汉语北方话由于受阿尔泰语的影响与自身的继续演变,浊声母逐渐消失,并入同发音部位的清声母,由此也导致了平声有了阴阳的分化。与此同时,入声的塞尾也渐渐消失,入声于是慢慢被并入其他声调。与阴阳平的分化类似,入声也根据声母的不同,而分别并入不同的声调。只不过在现代汉语中,该规律的例外较多。

另外,元代《中原音韵》韵部比前代的诸多韵书韵部都少了很多,这是因为除汉语韵母的简化合并外,《中原音韵》韵部的分类方法与明清学者划分上古汉语韵部时的标准一样,不把声调的不同作为划分不同韵部的依据,而只是在每个韵部中按当时"官话"的阴、阳、上、去四声和旧入声分派新四声来列出每个韵部中不同声调有哪些字。由此可以看出,当时的"官话"已比较接近今天的北京话。

(1)现代汉语单元音韵母字在日语汉字音读中的表现

在现代汉语中,以单元音作韵母的汉字发音只有极少数古今变化不大,剩下的绝大多数都是由古汉语的其他韵母(主要是带塞尾的古入声韵和一部分复元音韵母,另外还有极少的鼻辅音韵尾韵母)简化而来。这其中,除舌面元音 ê 只有一个零声母字"欸"做语气词以外,再就只有以卷舌元音 er 作韵母的字也只有零声母的几个字。与之相反的是,以两个舌尖元音作韵母的字没有零声母字。

那些读 er 的字都是由古日母字中分化演变而来的,而舌尖韵母则由古韵部中的之部、职部、铎部、支部、锡部、脂部、质部、月部、缉部等韵部中的一些字演变而来。在这些韵部中,职部、铎部、质部("肆"字除外)、月部、缉部只分化出舌尖后元音韵母,而锡部则只分化出"刺""赐"等极少数几个舌尖前元音韵母字。剩下的之部、支部、脂部则今读作舌尖前后元音组都有。

此外,读作其他单元音韵母的汉字都不算太少。再有,除去今天读 er 组的几个零声母字外，其他组读单元音和后面将要提到的一些读复元音的字大多都包含有古汉语入声字。我们暂且不提入声字，将它们放在最后单独讨论。

①普通话韵母为单元音韵母 en

这一组字有5个，日语汉字音读都为い段元音：児（兒）、耳、餌、二、(贰)。

②普通话韵母为单元音韵母 -i（前）

这一组字，日语汉字音读字有28个，都读为い段元音：詞、慈、辞、雌、次、伺、刺、賜、糸（絲）、司、私、思、死、四、寺、似、飼、嗣、諮、姿、資、滋、子（す）、姉、紫、字、自、恣。

③普通话韵母为单元音韵母 -i（后）

日语汉字音读有42个读为い段元音：痴、池、遅（遲）、持、歯（齒）、恥、師、詩、施（せ）、時、史、矢、使、始、士、氏、仕、市、示、事（ず）、視、試、支、枝、知、肢、脂、値、止、旨、紙、祉、指、至、志、誌、治、摯、致、緻、稚、置。

日语汉字音读有6个读为元段え音+い：世、勢、逝、誓、制、製。

日语汉字音读有1个读为元段え音：是。

日语汉字音读有1个读为あ段え音い：滞。

④普通话韵母为单元音韵母 a

日语汉字音读为あ段元音的字有14个：把、霸、查、差、打、拉、麻、馬、那、沙、砂（じゃ）、他、詐。

日语汉字音读为い段元音的字有1个：罷。

日语汉字音读为あ段拗音的字有1个：茶（さ）。

日语汉字音读为あ段元音+い的字有1个：大。

⑤普通话韵母为单元音韵母 o

日语汉字音读为あ段元音的字有6个：波、魔、摩、磨、婆、破。

日语汉字音读为お段元音的字有1个：模。

⑥普通话韵母为单元音韵母 e

日语汉字音读为あ段拗音的字有9个：車、蛇（だ）、舎、捨、社、射、赦、遮、者。

日语汉字音读为あ段元音的字有12个：歌、箇、何、和（お）、河、荷、賀、苛、科、可、課。

日语汉字音读为お段元音的字有1个：個。

日语汉字音读为あ段元音+い的字有1个：劤。

⑦普通话韵母为单元音韵母 i

日语汉字音读为い段元音的字有67个：鼻、比、彼、避、地、幾、飢、机、機、奇、基、記、伎、紀、技、忌、畿、季、既、寄、離、璃、里、裏、理、吏、利、痢、秘、尼、摒、批、披、皮、疲、祈、期、欺、岐、騎、棋、旗、企、起、気（氣け）、棄、汽、器、希、犧、画、喜、戯、衣、医、依（い）、儀、宜、移、遺（ゆい）、疑、以、椅、義、議、異、意。

日语汉字音读为え段元音+い的字有39个：幣、閉、陛、蔽、弊、低、堤、邸、抵、弟（だい、で）、帝、遞（遞）、諦、締、鶏、稽、計、継、礼、麗、励、例、戻、隷、迷、米（まい）、泥、凄、斉（齊）、啓、契、憩、提、西（さい）、渓、系、係、芸（藝）、詣。

日语汉字音读为あ段元音+い的字有10个：第、際、剤、済、祭、妻、題、体（てい）、替、細。

日语汉字音读为お段元音的字有2个：己（き）、碁。"厘"的汉字音读比较特殊，为：りん，后面多了个拨音。

⑧普通话韵母为单元音韵母 u

日语汉字音读为お段元音的字有57个：補、哺、捕、步（ぶ、不）、簿、礎、粗、睹、妒、渡、孤、古、股、鼓、固、故、顧、雇、鋼、呼、弧、湖、虎、互、戶、露、炉、賂、路、母、募、墓、慕、暮、奴、努、怒、舗、疎、訴、素（す）、塑、遡、徒、塗、途、土、吐、污、具、五、午、誤、悟、貯。

日语汉字音读为う段元音的字有32个：不、布、怖、部、夫（ふう）、敷、扶、浮、符、府、腐、父、訃、付、負、婦、附、阜、赴、富（ふう）、賦、苦、普、譜、図（と）、無、武、侮、舞、務、霧。

日语汉字音读为お段拗音的字有12个：初、除（じ）、虞、如、書、暑、署、庶、諸、助、著。

日语汉字音读为う段长音的字有2个：枢、数（す）。

日语汉字音读为う段拗音的字有6个：儒、輸、樹、朱、珠、主（す）。

日语汉字音读为あ段拗音的字有1个：煮。

日语汉字音读为う段拗长音的字有 7 个：蹴、乳、住、注、驻、柱、铸。

⑨普通话韵母为单元音韵母 u

日语汉字音读为お段长音的字 1 个：拘。

日语汉字音读为お段元音的字有 5 个：狙、吕、娱、語、預。

日语汉字音读为お段拗音的字有 23 个：居、举、巨、拒、（据）、距、侣、旅、虑、女（にょう）、去（こ）、虚（こ）、徐、許、序、叙、緒、余、魚、漁（りょう）、与、予、御（ご）、誉。

日语汉字音读为う段元音的字有 10 个：句、具、惧、区、驱、须、宇、羽、雨。

日语汉字音读为い段元音的字有 1 个：履。

日语汉字音读为う段拗音的字有 7 个：取、趣、需、愉、谕、喻、癒。

日语汉字音读为え段元音+い的字有 1 个：婿。

日语汉字音读为う段长音的字有 2 个：隅、遇。

日语汉字音读为う段拗长音的字有 1 个：裕。

在以上除 ê 外的九个单元音韵母组字中，有这样几组的中日汉字韵母/元音发音近似：普通话韵母为单元音韵母 a、日语汉字音读为あ段元音的字有 14 个；普通话韵母为单元音韵母 i、日语汉字音读为い段元音的字 67 个；普通话韵母为单元音韵母 u、日语汉字音读为う段元音的字 32 个；普通话韵母为单元音韵母 o、日语汉字音读为お段元音的字 1 个。这些字可以被用于语音对比辅助教学中。

（2）现代汉语复元音韵母在日语汉字音读中的表现

在现代汉语汉字的读音中，复元音韵母共有 23 个。它们基本上是从古代的复元音韵母继承而来，如 ao、ou。也有一部分复元音韵母（主要是 i 开头的）是古汉语的声母发生了颚化后，而由单元音韵母转化成了复元音韵母，如 ig、igo。这第三部分韵母还可以被细分为二合韵母和三合韵母，而一部分二合韵母又是由原三合韵母中分化出来的，如一部分今天韵母读 ei 的字旧读为 uei，介音 u 发生了脱落。

在现代日语中，汉字音读的三合元音只剩下了不多的几个，绝大多数的二合元音也都已经并入单元音。与汉语复元音类似的元音组合今天能够见到的还有：

や（＝い＋あ）、ゆ（＝い＋う）、よ（＝い＋お）、わ（＝う＋あ）。以上的元音及元音组合都可用于拼读日文汉字的音读。除此之外，う、え、お三段的长音（书面上为：う段＋う、え段＋い、お段＋う），还有常见的元音组合あい、うい等也可用于汉字的音读。下面我们来逐一对比。

①普通话韵母为前响二合复韵母 ai

日语汉字音读为あ段元音＋い的字有51个：哀、愛、暖、敗、挥（拜）、才、材、財、裁、采、採、彩、菜、代、带、待、怠、貸、袋、逮、戴、該、改、蓋、概、骸、海、害、開、慨、楷、来、頼、埋、買、売（賣）、耐、俳、排、塞（关塞）、太（た）、態、泰、災、栽、宰、載、再（さ）、在、斎、債。

日语汉字音读为あ段元音的字有3个：奈、派、汰。

②普通话韵母为前响二合复韵母 ei

日语汉字音读为い段元音的字有13个：卑、悲、備、被、飛、妃、非、扉、肥、费、眉、美、魅。

日语汉字音读为あ段元音＋い的字有18个：杯、背、倍、蛋、廃（廢）、肺、雷、枚、梅、媒、毎、妹、昧、内、陪、培、賠、配。

日语汉字音读为う段元音＋い的字有4个：塁（壘）、涙、累。

③普通话韵母为前响二合复韵母 ao

日语汉字音读为お段长音的字有52个：凹、傲、奥、包、胞、宝、飽、報、抱、暴、操、曹、槽、草、巣、刀、導、島、倒、悼、盗、道、稲、高、稿、豪、好、号、耗、考、拷、労、老、冒、貿、帽、貌、悩、脳、泡、砲、騒、掃、逃、桃、陶、討、遭、早（さつ）、藻、造、燥。

日语汉字音读为お段音的字有2个：保、茂。

日语汉字音读为お段拗长音的字有17个：抄、超、朝、嘲、潮、猫、毛、焼、少、紹、招、昭、沼、召、兆、詔、照。

日语汉字音读为う段音的字有1个：矛。

④普通话韵母为前响二合复韵母 ou

日语汉字音读为う段拗长音的字有14个：抽、愁、酬、醜、臭、収、獣、州（す）、舟、周、週、宙、昼、耐。

日语汉字音读为お段音的字有4个：都（つ）、斗、後（こう）、露（ろう）。

日语汉字音读为お段长音的字有25个:(鬥)、豆、痘、勾、溝、構、購、侯、喉、后、厚、候、口（く）、楼、漏、謀（む）、某、剖、痩、搜、頭（ず、と）、投、透、走、奏。

日语汉字音读为う段拗音的字有8个：手、守（す）、首、寿、受、狩、授。

⑤普通话韵母为后响二合复韵母 ia

日语汉字音读为あ段音的字有15个：加、佳、家（け）、仮（計）、架、嫁、稼、暇、下（げ）、夏（げ）、牙（げ）、芽、雅、亜。

日语汉字音读为あ段元音+い的字有2个：崖、涯。

⑥普通话韵母为后响二合复韵母 ie

日语汉字音读为あ段元音+い的字有9个：階、皆、街、解（げ）、介、戒、界、諧。

日语汉字音读为え段元音+い的字有3个：揭、携、械。

日语汉字音读为あ段拗音的字有7个：邪、斜、写、謝、冶、野、夜。

⑦普通话韵母为后响二合复韵母 ua

日语汉字音读为あ段音的字有7个：寡、花、（け）、化（け）、画、話、瓦。

日语汉字音读为お段音的字有1个：誇。

⑧普通话韵母为后响二合复韵母 uo

日语汉字音读为あ段音的字有23个：挫、多、堕、惰、果、菓、過、火、貨、禍、羅、裸、唆、所、鎖、駄、妥、唾、渦、我、左、佐、座。

日语汉字音读为お段音的字有1个：措。

⑨普通话韵母为后响二合复韵母 ue

此韵非古入声字只有一个：靴。

⑩普通话韵母为中响三合复韵母 iao

日语汉字音读为お段拗长音的字有45个：標、表、俵、彫、釣、調、焦、礁、矯、叫、教、療、僚、寮、了、料、瞭、苗、描、秒、妙、鳥、尿、漂、票、橋、挑、条、眺、跳、宵、消、硝、小、曉、肖、笑、妖、腰、窯、謡、揺、要、曜。

日语汉字音读为お段长音的字有8个：交、郊、絞、酵、巧、孝、効、校。

⑪普通话韵母为中响三合复韵母 iou

日语汉字音读为う段拗长音的字有36个：糾、究、九（く）、久、旧、臼、救、

就（じゅ）、留（る）、流（る）、硫、瑠（琉）、柳、牛、丘、秋、囚、求、球、休、修（しゅ）、羞、朽、秀、袖、嗅、優、憂、幽、悠、猶、郵、遊（ゆ）、友、有（う）、誘。

日语汉字音读为う段拗音的字有3个：洒、由（ゆう、ゆい）、油。

日语汉字音读为う段音的字有1个：右（ゆう）。

日语汉字音读为お段拗长音的字有1个：幼。

⑫ 普通话韵母为中响三合复韵母 uai

日语汉字音读为あ段元音+い的字有7个：拐、怪、懷、壞、塊、快、外。

日语汉字音读为う段元音+い的字有2个：衰、帥。

⑬ 普通话韵母为中响三合复韵母 uei

日语汉字音读为う段元音+い的字有16个：吹、炊、垂、粋（粹）、水、睡、随、髄、遂、穂、推、唯（い）、追、椎、墜、酔（醉）。

日语汉字音读为あ段元音+い的字有16个：催、堆、隊、対（つい）、灰、回（え）、悔、会（え）、絵、（え）、賄、潰、歳（せい）、砕（碎）、退、最、罪。

日语汉字音读为い段元音的字有29个：帰、魯（龜）、規、軌、鬼、貴、揮、輝、毀、彙、危、威、微、為、囲、違、維、偉、尾、緯、委、萎、未、位、味、畏、胃、尉、慰。

日语汉字音读元段元音+い的字有4个：恵（え）、鋭、税、衛。

这组字当中，可以运用到语音对比辅助教学中的字，其读音有如下两种形式，其一是普通话韵母为前响二合复韵母 ai、日语汉字音读为あ段元音+い的字 51 个。其二是普通话韵母为前响二合复韵母 ou、日语汉字音读为お段长音的字 25 个。

（3）现代汉语鼻音尾韵母在日语汉字音读中的表现

在汉语中，除了极少数特例以外，现代汉语中的鼻辅音 -ng 韵尾从古到今没有大的变动，而另一个鼻辅音韵尾 -n 是由原来的 -n 合并了 -m 韵尾后得来的。在日语汉字的汉字音读中，由于在一段时间内，受到了汉语的持续影响，其发展轨迹与我国基本相同：-ng 韵尾用 - い或 - う表记一直不变，原 -n 韵尾由な行假名收尾，相应的原 -m 韵尾则由ま行假名收尾，此二者后来逐渐统一为用拨音 - ん来表记，则与现代汉语普通话 -n 一致了。

以上的例外只有少数字，如下面两个现代汉语普通话都读 zhēn 的字：貞、偵。古汉语以 -ng 收尾，而现在收 -n，而日语汉字音读皆为てい，则正应了古汉语的 -ng 尾。"癌症"的"癌"字，现在大陆普通话读 ái，而台湾"玉语"中仍读作 yán。这是由于在解放以后大陆为了将其与"炎"字在读音上相区分而人为规定而改变的，其日语汉字音读为がん，与旧式含 -n 韵尾的读法相对应。类似的常用字还有"洗"字，今在普通话中除了作姓氏念 xiǎn 以外，都读 xǐ，而日语汉字音读为せん。值得注意的是念 xiǎn 的另一个字——"洗"，它一般只作姓氏用字，并且和"洗"极为相似，应该是由"洗"衍生而来。况且这两个字都以"先"作为声旁，本音当是收 -n 尾。另外与读 zhēn 组相反，有一些普通话收 -ng，而日语收 -ん的字，这些字大多出现在唐宋音中，如"瓶"，日语汉字音读びん。余下的则多见于一些固定的词中，例如，風鈴（ふうりん）、行宮（あんぐう）等。而唐宋音是古日语模仿宋代四川一代的读音而形成的读音。在今天，包括四川一带的西南方言其主要特点之一仍然是相当一部分韵母的前后鼻音韵尾不分，一般都读成前鼻音 -n。

现代汉语共计有鼻音韵母 16 个，其中收 -ng 尾与收 -n 尾的各 8 个。收 -ng 尾的有：ang、ong、eng、ing、iang、iong、uang、ueng。在现代日语汉字的汉字音读中绝大多数以う、え、お三段的长音来表记。其中う、お两段长音皆后加元音う做长音符号，而え段则后加元音い。收 -n 尾的有：an、en、in、un、ün、ian、uan、üan，在现代日语汉字的汉字音读中绝大多数以后加拨音 -ん来表记。这里我们把详细情况来展开讨论。

①以 -ng 结尾的鼻韵母字

第一，普通话韵母为 ang 的。现代日语汉字音读为お段长音的字有 39 个：邦、棒、傍、倉、蔵、当、党、方、坊（ぼつ）、芳、防、妨、房、肪、倣、訪、紡、放、剛、綱、鋼、港、航、康、抗、郎、廊、朗、浪、忙、盲、桑、畏、湯、唐、堂、糖、臓、葬；现代日语汉字音读为お段拗长音的字有 20 个：長、腸、償、常、場、唱、壤、讓、傷、商、賞、上、尚、張、章、彰、掌、丈、帳、障。我们可以看出，凡是读お段拗长音的字在普通话中都是以舌尖后辅音为声母的，反之亦然。

第二，普通话韵母为 ong 的。现代日语汉字音读为お段长音的字有 32 个：東、冬、動、働、凍、棟、洞、胴、工、公、功、攻、紅、洪、孔、農、濃、弄、容、溶、送、同、銅、童、瞳、筒、踪、総；现代日语汉字音读为お段拗长音的字有 8 个：供、恭、共、恐、冗、松、訟、鐘；现代日语汉字音读为う段长音的字有 4 个：崇、空、通（つ）、痛；现代日语汉字音读为う段拗长音的字有 19 个：充、油、虫、銃、従、弓、宮（ぐう、く）、竜（龍）、隆、融、中、忠、終、衷、仲、衆（しゅう）、重（ちょう）、宗、縦。现代日语汉字音读为う段拗音的字有 2 个：腫、種。另外有一个字"栄"，它本属古匣母字，按正常演变规律应读 yíng，日语汉字音读为えい，符合规则。

第三，普通话韵母为 eng 的。现代日语汉字音读为お段长音的字有 30 个：崩、居、曾、灯、登、等、曹、峰、蜂、縫、奉（ぶ）、俸、更、耕、梗、恒、横、衡、坑、猛、能、膨、僧、藤、増、憎、贈、争；现代日语汉字音读为お段拗长音的字有 13 个：称、承、城、乗、懲、澄、升、昇、（繩）、徵、症；现代日语汉字音读为う段长音的字有 2 个：風（ふ）、封（ほう）。现代日语汉字音读为え段长音的字有 17 个：成（しょう）、呈、誠、程、冷、盟、生（しょう）、声（しょう）、甡、省（しょう）、聖、盛（じょう）、剰、征、整、正（しょう）、政（しょう）。不过也有例外，这一组的"夢"字在日语汉字常用音读中只有短音的读法。还有，这一组与读 -ang 组类似，凡是读え段长音、お段拗长音的字在普通话中也都是以舌尖后辅音为声母的，反之亦然，除了"争"字。

第四，普通话韵母为 ing 的。现代日语汉字音读为お段长音的字有 3 个：応、桜（櫻）、硬；现代日语汉字音读为お段拗长音的字有 17 个：米、病（へい）、丁（てい）、町、佰、京（け）、鱉、晶、競（け）、浄、境（けい）、鐘、陵、領、凝、評、情（せい）；现代日语汉字音读为え段长音的字有 47 个：兵（ひょう）、丙、柄、餅、併、並、訂、定（じょう）、錠、経（きょう）、茎、精（しょう）、鯨、井（しょう）、景、憬、警、経、敬、静（じょう）、霊（靈りょう）、鈴（りん）、齢、合、名（みょう）、明（みょう）、鳴、冥（みょう）、銘、命（みょう）、寧、平（びょう）、塀、青（しょう）、軽、傾、清（しょう）、晴、請（しん）、慶、英、迎、蛍、営、影、映。"瓶"字常用的音读只有唐宋音，读作びん。

第五，普通话韵母为 iang 的。现代日语汉字音读为お段长音的字有 9 个：江、講、降、相（しょう）、香（きょう）、想（そ）、向、項、央；现代日语汉字音读为お段拗长音的字有 24 个：将、奨、匠、良、涼、糧（ろう）、両、量、嬢、強（ごう）、郷（ごう）、詳、祥、響、象（ぞう）、像、揚、羊、陽、瘍、洋、仰（こう）、養、様。

第六，普通话韵母为 ong 的。现代日语汉字音读为お段长音的字有 6 个：凶、胸、摊、唐、踊、用；现代日语汉字音读为う段拗长音的字有 4 个：窮、雄、勇、湧；现代日语汉字音读为え段长音的字有 4 个：兄（きょう）、永、詠、泳。

第七，普通话韵母为 uang 的。现代日语汉字音读为お段长音的字有 22 个：窓、創、光、(廣)、荒、慌、皇、黄、鉱（塘）、双、霜、爽、王、網、往、妄、忘、旺、望、荘、装、壮；现代日语汉字音读为お段拗长音的字有 5 个：床、狂、況、粧、状。

第八，普通话韵母为 ueng 的现代汉语中只有一个零声母音节，在日语《常用汉字表中》也只有一个字，读お段お音：翁。

②以 -n 结尾的鼻韵母字

第一，普通话韵母为 an 的。日语汉字音读为あ段元音加ん的字有 82 个：安、岸、案、暗、班、斑、般、颁、搬、坂、阪、板、版、半、伴、参、残、蚕、惨、产、丹、单、担、胆、旦、诞、弹、淡、帆、番、藩、烦（ほん）、繁、反（ほん）、犯、氾、汎、飯、範、販、干、乾、幹、甘、肝、感、含、韓、寒、漢、汗、憾、刊、看、勘、堪、欄、藍、覧、濫、蛮、満、慢、漫、男、南、難、盤、判、畔、三、傘、散、山、壇、談、嘆、炭、探、暫、賛、斬；日语汉字音读为え段元音加ん的字有 15 个：禅、返、然、燃、染、扇、善、繕、膳、粘、展、占、戦、桟、綻；日语汉字音读为お段元音加ん的字有 5 个：翻、凡（はん）、紺、暈。

第二，普通话韵母为 en 的。日语汉字音读为い段元音加ん的字有 31 个：臣、沈、陳、人、仁（に）、忍、刃、認、任、妊、森、由、伯、身、紳、娠、深、神、審、腎、甚、慎、針、珍、真、診、陣、振、朕、鎮、震；日语汉字音读为う段元音加ん的字有 9 个：分、紛、雰、墳、粉、奮、憤、噴、盆；日语汉字音读为お段元音加ん的字有 9 个：奔、本、恩、根、痕、恨、塑、懇、門。这一组有 3 个字，肯（こう）、貞（てい）、偵（てい)，其古汉语发音的鼻韵尾为 -ng，不为 -n，它们在日语汉字音读中的长音式读法正好体现此点。

第三，普通话韵母为 in 的。日语汉字音读为い段元音加ん的字有 47 个：賓、浜、巾、斤、金（きん）、津、筋、襟、僅、堅、錦、謹、尽、進、近、浸、禁、磷、

林、臨、售、民、政、谷、頻、品、親、侵、琴、勤、寝、心、芯、辛、新、薪、信、因、陰、姻、吟、銀、淫、引、飲、隠、印；日语汉字音读为お段元音加ん的字有 2 个：今（きん）、音（いん）。

第四，普通话韵母为 un 的。日语汉字音读为い段元音加ん的字有 4 个：唇、倫、輪、論；日语汉字音读为う段元音加ん的字有 3 个：寸、文（もん）、問；日语汉字音读为う段拗音加ん的字有 9 个：春、純、盾、潤、順、瞬、准、準、遵；日语汉字音读为お段元音加ん的字有 18 个：村、存、鈍、頓、婚、魂、混、昆、困、孫、損、屯、豚、温、紋、問、尊。

第五，普通话韵母为 ün 的。日语汉字音读为い段元音加ん的字有 5 个：均、菌、尋、迅、韻；日语汉字音读为う段元音加ん的字有 9 个：軍、君、郡、群、勳、薫、訓、雲、運；日语汉字音读为う段音加ん的字有 5 个：俊、巡、旬、循、殉；日语汉字音读为お段元音加ん的字有 1 个。

第六，普通话韵母为 ian 的。日语汉字音读为え段元音加ん的字有 85 个：辺（邊）、編、変、便（びん）、遍、弁、典、点、雷、店、殿、堅、肩、兼、煎、繭、（倫）、検（檢）、減、見、件、建、剣（劍）、薦、健、漸、践、鍵、連、廉、練、錬、恋、綿、免、面、麵、年、捻、念、偏、片、千、遷、鉛、謙、前、銭、潜、浅、遣、繊、天、田、堪、仙、先、鮮、弦、腎、舷、嫌、顕、険（險）、県（縣）、現、線、限、憲、羨、献（こん）、腺、煙、延、厳（ごん）、言（ごん）、炎、沿、研、塩（鹽）、演、艶、宴、験（驗）；日语汉字音读为あ段元音加ん的字有 10 个：間（けん）、監、簡、艦、鑑、閑、陥、岩、顔、眼（げん）。日语汉字音读为い段元音加ん的字有 2 个：眠、咽。

第七，普通话韵母为 uan 的。日语汉字音读为え段元音加ん的字有 7 个：川、伝（傳）、船、栓、専、転（轉）；日语汉字音读为あ段元音加ん的字有 39 个：端、短、段、鍛、関、観、官、冠、棺、館、管、貫、慣、缶（罐）、歓、還、環、緩、幻、換、喚、患、寛、款、卵、乱、暖、軟、酸、算、団（圑とん）、湾、丸、完、玩、頑、晩、万、腕。

第八，普通话韵母为 üan 的。日语汉字音读为え段元音加ん的字有 27 个：絹、圏、全、権（ごん）、詮、泉、拳、犬、勧、券、軒、宣、玄、懸（け）、旋、選、元（がん）、園、原、丹（圓）、援、縁、源、猿、遠（おん）、怨（おん）、媛；

日语汉字音读为あ段元音加ん的字有 2 个：卷、願；日语汉字音读为い段元音加ん的字有 2 个：員、院。

这组鼻音尾韵母因后鼻音组的 8 个在日语中以长音而不以鼻音结尾，若我们想要借助汉字的读音进行语音对比辅助教学，唯有在前鼻音组中寻找。其中有普通话韵母为 an、日语汉字音读为あ段元音加ん的字 82 个，普通话韵母为 in 的、日语汉字音读为い段元音加ん的字 47 个，和普通话韵母为 uan、日语汉字音读每段元音加ん的字 39 个中读わん的 2 个：腕、湾。

（4）原古汉语入声字在日语汉字音读中的表现

入声在古代汉语中本属于声调概念，但是由于日语的音调与汉语的声调并不具有可比性，而古汉语入声字又从属于固定的一些韵部，加之其塞尾 -p、-t、-k 在现代日语音读中仍能找到比较清晰的对应关系，故权且将其置于韵母部分来讨论。

①古汉语 -p 塞尾入声字在现代日语汉字音读的表现

读あ段长音的字有 12 个：法、乏、押、山、印、插、答、塔、搭、踏、合、納。

读う段拗长音的字有 15 个：級、急、及、泣、吸、給（供給）、渉（濇）、粒、汁、集、習、龑、十、拾、入。

读お段拗长音的字有 9 个：葉、猟（獵）、協、挟、渉、峡、狭。

お段长音、お段拗长音异读的字有 1 个：業。

极个别的以 -つ收尾，这是一部分字与 -t 塞尾入声合并后的体现，有：圧、雑（雜）、執、湿、摂（摂）、接、立 7 个。

②古汉语 -t 塞尾入声字在现代日语汉字音读的表现

表现为收 -ち的字有 4 个：壱（壹）、七、実（實）、八。

表现为收 -つ的字有 94 个：室、哲、撤、微、設、折、迭、鉄、劣、列、烈、裂、結、傑、潔、窃、血、悦、閲、決、穴、雪、拙、切、別、欠（缺）、絶、熱、滅、逸、必、笔、疾、漆、質、失、泌、詰、律、卒、匹、出、乙、密、述、街、髪、伐、罰、悶、謁、越、滑、骨、突、凸、率（效率）、（袋）、月、没（沉没）、擦、割、渇、褐、括、活、撮、奔、脱、抹（涂抹）、末、札、察、轄、刷、抜、殺、屈、払（拂）、掘、仏（佛、佛陀）、物、沸、鬱、葛、窟、刹、捺、叱、嫉、蔑、勃、蜜、慄。

表现为收 -ち、-つ异读的字有 6 个：節、吉、一、日、達、鉢。

表现为收 - ち、- つ以外的字有 2 个：匹、不。

③古汉语 -k 塞尾入声字在现代日语汉字音读的表现

表现为收 - き的字有 34 个：癖、跡、精、籍、夕、席、惜、駅、液、隻、斥、易、適、劇、青、域、式、識、壁、滴、笛、敵、壓、曆、績、析、的、摘、撃、隙、脊、戚、溺、璧。

表现为收 - く的字有 175 个：逆、借、訳（譯）、尺、積（釋）、額、舶、迫（逼迫）、麦、革、隔、嚇、核、穫、沢（澤）、策、宅、伯（伯仲）、拍、択（擇）、厄、百、脈、客、白、告、酷、督、篇、浴、欲、局、曲、玉、栅、辱、毒、続（續）、獄、足、促、俗、束、属、緑、册、副、幅、福、腹、複、覆、谷、榖、菊、育、竹、築、蓄、畜、速、屋、撲、祝、陸、木、牧、伏、服、逐、粛、叔、淑、宿、縮、僕、独、族、塾、熟、軸、肉、六、（讀）、暴、悪（罪悪）、各、閣、楽、約、躍、薬、虐、郭、（擴）、託、酌、索、錯、拓、絡、落、酪、博、作、諾、昨、酢、若、弱、略、爵、却、脚、着、勺、薄、泊、漠、縛、幕、膜、削、克、刻、黒、得、徳、則、北、国、抑、即、息、特、墨、億、憶、默、惑、賊、板、匿、翌、翼、植、殖、職、勒、側、測、握、卓、較、魚、覚、確、岳、楽、学、濁、殻、濯、爆、塞（堵塞）、拭、捉、捗、剥、睦、沃、麓。

表现为收 - き、-く异读的字有 13 个：昔、益、疫、役、赤、石（石头）、色、食、織、直、力、臆、顎。

表现为收 - き、-く以外的字有 4 个：格、册、作、喫。

以上这些字，由于现代汉语入声塞尾已经消失，而日语汉字音读其发音的后半部分大多仍保留着古汉语塞尾的对应形式。所以在今天中日发音的对比上，差异都比较明显，这些字不能被用到语音对比辅助教学中。

综上所述，我们可以知道日汉语语音辅助教学与语音对比操练的韵母有如下几个：单元音声母中的 a、o、i、u；复合元音韵母中的 ai、ou；前鼻辅音韵母中的 an、in、uan。从日语汉字的音读发音与汉语各个韵母字在读音上的差异程度比较来看，我们可以得出一个对学生学习汉语几级汉语韵母的难易梯度值。以指导对日汉语语音韵母分级教学。

单元音韵母 < 复元音韵母 < 前鼻音尾韵母 < 后鼻音尾韵母；

齐齿呼 < 开口呼 < 合口呼 < 撮口呼。

三、汉日语义差异对比研究

拟声词的使用使句义更加形象生动，使听者或读者能够产生画面感，拟声词在语言表达中起到不可替代的重要作用。拟声词在汉语中又被称为象声词、摹声词。但在日语中，没有对拟声词的统一称谓，有称之为「擬音語」「擬声語」的，也有直接用外来语，如英语的 onomatopoeia 和法语的 onomatopée 表示的。汉语和日语中都有大量的拟声词，但在表达同一事物发出来的声音上存在些许不同。比如在汉语中，用"汪汪"来形容狗的叫声，而日语则用「ワソフソ」，二者的发音十分相似。但是也有些拟声词完全不同，如在汉语中用"啪啪"来形容拍手声，而在日语中则是「バチバチ」，这就表现出明显的不同。下面分别从语音特征、词形分类、句法功能等方面对汉语和日语拟声词的特征和功能进行对比。

（一）语音特征

拟声词的主要任务是模拟声音，这就要求拟声词要使人的语言与自然声音构成某种相似性。因而，在拟声词的发音上就存在一些规律，借助这些规律可以发现一些拟声词的发音特点。如在汉语中，在表示碰撞声，如"咚""轰"时可以利用鼻音 [n]，两个或多个拟声词连续使用表示多次碰撞声。一些塞音 [p]、[d] 也可以表示碰撞声，如"砰""咚"，拟声词重叠使用表示声音反复、连续、强度大。[p]、[d] 也可表示爆破声，如"噼""啪"。在表示摩擦声时，往往用 [s]，如"瑟瑟"。[l] 往往与表示滑溜的声音联系起来，如"趾溜"。而一些表示艰涩的声音往往借助 [k] 来表示，如"吭哧"。

从发音特点上来看，日语中的拟声词大体上分为两种，即清音和浊音。浊音大都表示钝而重、大而厚的声音。清音则表示小而轻的声音。如「サラサラ」表示干而薄的物品因摩擦而产生的沙沙声。「ザラザラ」指小而硬的物品遭到碰撞时发出的哗啦哗啦声。か行表示干燥、结实、坚硬、响亮、清脆的声音；な表示流动、细腻、柔软的声音。

（二）词形分类

根据不同标准，国内外学者对汉语或日语有过不同分类。对汉语的拟声词，有分成 11 种的，也有分成 17 种的。对日语拟声词的分类也可根据不同标准分为

2种、19种或25种。本书对这些分类加以借鉴,下面对汉语和日语中都存在的拟声词类型加以分析。

1.A 型

在汉语中,A 型主要表示一次性的、短暂的,或者不需强调的声音。通常和一些词连用,如"啪的一声""咚的一下"中的"一声"和"一下",表示该声音只出现一次。日语 A 型的拟声词不能单独使用,必须在该词后面加上促音、拨音或长音加上促音、拨音或长音后变为 A ッ型、A ン一型、A ン型。A ッ型拟声词表示持续时间不长的或者一次性的声音。

2.AA 型

在汉语中 AA 型拟声词往往表示连续的声音或与连续动作相伴随的声音,可能不止两声。拟声词的重叠旨在强调声音的连续,不代表具体的数目。日语中 AA 类型的拟声词包括多个类型即 AA ッ型、A ッ A ッ型、A-A 一型、A ン A ン型等。其中 AA ッ型表示连续两次短暂的声音。

3.AB 型

汉语中的 AB 型用两个不同的音节表示,用法较为固定,不是所有单音节的拟声词结合在一起都构成 AB 型拟声词,其反映声音的某种跌宕起伏特征,如"哗啦"。日语中的 AB 型拟声词包括 AB ッ型、AB ン型、AB リ型、AB-ン型等,其中 AB ッ型表示短暂的声音。

4.ABAB 型

不论是汉语还是日语,ABAB 型的拟声词都表示一种有规律的声音。这种声音稳定、有规则且在一定时间内持续重复出现。日语中 ABAB 型拟声词包括 ABAB 型、AB リ AB リ型、AB ン AB ン等。

5.ABCB 型

在汉语中,ABCB 型的拟声词表示较为复杂的声音,而在日语中 ABCB 型拟声词常表示较为连续的声音。

(三)句法功能对比

拟声词在句子中能够充当一定的角色,发挥特定的功能。汉语和日语的拟声词的用法也有共同之处,下面举例分析。

1. 都可以作独立成分

例：它掏出笔来，沙沙沙，一笔一画填了起来（蔡威林《在动物寿命保险公司里》)。

例：カタカタ、カタカタ…どこかで音が響いている「倉阪鬼一郎「オバケセシキ」」。

2. 都可以作状语

用作状语的拟声词被用来描述某种情况，修饰动词。汉语中 A 型、AA 型、AB 型的拟声词往往同一些别的词配合起来，如"的一声""的一下"形成一个短语，修饰某种动作或动作过程。其他类型的拟声词可以直接修饰动词或动词短语，不需与别的词搭配。日语中的拟声词作状语用来修饰动词、形容词、副词等。一般情况下，单音节、双音节和三音节拟声词做状语时要加「と」或「に」，四音节拟声词则不需要，可直接用作状语。

3. 都可以作定语

汉语的拟声词不可直接作定语，需要在其后加上"声"，改变其词性后方可被用作定语。日语中，拟声词后一般会加「のという」之后再作定语。对于四音节的拟声词则不需要如此，可直接作形容词使用，用来修饰名词。

4. 都可以作谓语

汉语中的谓语有其独特性，形容词、名词皆可充当谓语。拟声词加上"一下"等词也可充当谓语。日语中的拟声词在作谓语时，需要在其后加上「です」「する」等。

汉语和日语中拟声词的用法较为灵活，其有不可替代的功用，都可作谓语、定语、状语等。但是，在汉语中拟声词还可以作补语。

（四）汉日复合词中"口"的语义扩展研究

本部分从《中日•日中统合辞典》中抽取了含有"口"的汉字词，进而对这些含有"口"的词进行分类。分类发现，这些词汇的大部分义项分布在形状、位置和功能三个方面，只有少数是用来表示部位的。所以说，在词中的"口"的含义已经发生了变化，它不再单纯地表示器官。下面，主要从形状、位置和功能等方面来考察汉语和日语中含有"口"的词义的拓展运用情况。

1. 表示形状的"口"的语义扩展

（1）表示形状的"口"在汉语中的语义扩展

在汉语中，表示形状的"口"在所有复合词中占7.4%，主要有两种语义拓展模式。

第一种是跟表示人体器官的"口"直接相关或有密切关系的词，如"口疮""创口""疮口"等。这些词跟口具有高度相似性，因而这种"口"和原本意义上的"口"是换喻关系。

第二种是在形状上同"口"有相似关系，"口"的物理特征可以在别的物体上表现出来，这种物体有类似于"口"的特征，或者说其形状如"口"。例如，"槽口""插口""垛口""豁口"。这种"口"与原本意义上的"口"是隐喻关系。

（2）表示形状的「口」在日语中的语义扩展

表示形状的「口」在日语复合词中所占比例为8.2%，大体上可将其语义拓展模式分为三类。

第一类是利用动物的名称加上「口」组成的词汇，如「鳥口」「鯉口」「鳶口」等。「鳥口」是指用来传递文书的白木手杖的前端部分，这部分是用来夹文书的，因为其形状似鸟嘴，故名之曰「鳥口」。「鯉口」也是根据其形状类似于鱼的口而得名，它是指刀鞘的口。有种棍棒式的消防工具，其前端带有铁钩，由于铁钩的形状类似鸢的嘴，故称这种消防工具为「鳶口」。通过形状上的相似来拓展「口」的用意的词语，同原本的「口」是一种隐喻关系。

第二类是利用形容词修饰「口」的方式来拓展口的含义。「大口」「広口」「細口」等。前面的形容词主要对「口」进行程度上的限定，也同形状有一定的关系，大都通过表示形状的含义拓展而来。这类词在汉语的一些学科术语中也能见到。

第三类主要基于某事物具有缝隙，从形状上来看具有「口」的特征。故以「口」来命名。如「傷口」「切口」。该词义同原意是隐喻关系，在汉语中也有类似表达。

2. 表示位置的"口"在日、汉语复合词中的语义扩展

（1）表示位置的"口"在汉语复合词中的语义扩展

在汉语表达中，表示位置的"口"在整个复合词词汇中占比34%。在人体中，口是连接人体内外的重要通道。根据这一特征，在物体上起到联通功能的部位就

会用"口"来表示。如"隘口""舱口""村口""端口""风口""港口""关口""进口""出口"等。汉语中口的拓展含义可以分为以下六类。

第一类，在人体中，"口"居于人体上部且联通身体内外。基于这种特征，人们就把有类似结构的事物的最上端称为"某口"。例如，"井口""瓶口"等。这类词是根据位置上的相似性来进行扩展的，与原意属于隐喻关系。

第二类，由于口是一个起到联通作用的部位，根据这个作用，人们将一些能够起联通、沟通作用的事物称为"某口"。例如，"港口""渡口""出口"等。这些词是根据位置上的相似性来进行拓展的，属于隐喻关系。

第三类，是由于某个地理位置而形成的含义。例如"口北""口蘑""口外"等，这里的口指张家口。张家口自古以来便是军事和贸易重镇，在许多词中，它被凝结为一个"口"字。这些词是利用地理位置而转喻来的词，所以是隐喻关系。

第四类，是把一些具有相似功能的机构统称为口的情况，如"帮口""归口"。现代社会，某些行业中仍然用"口"来指代具有某种职能的部门。

第五类，在中医经脉理论中，"口"往往被用来表示具有重要作用的穴位，类似于地理上"关口"，该"口"控制着与它相关的部位，如"寸口""鱼口"等。中医可以通过它们探测病人的病情。这种"口"虽然不像别的"口"那样有着具体的形状，但从它起的重要作用来看，可以认为其是隐喻扩展。

第六类，由于牙齿可以撕咬、攻击，可以转喻为具有撕咬或切割用途的事物，如刀剑等。从而有"刀口""钢口"等词。这里是基于临近性的语义扩展。

（2）表示位置的「口」在日语复合词中的语义扩展

在日语中，表示位置的「口」占有相当大的比例，约为44.5%。日语中表示位置的「口」，可以引申为「出入り・出しれの場所」「物事の始め」「就職・縁組の落ち着く先」等含义。对日语口的分析，可以将其分为以下四类。

第一类，由「口」作为进食和语言的重要部位，引申而来的「出入り・出しれの場所」。例如，「入口」「門口」等。这类词是根据位置上的相似性扩展而来，与原意是隐喻关系。

第二类，与汉语中的表述类似，依据「口」是人类摄取事物的重要部位，将其含义运用到类似的事物之上，引申出「物事の始め」含义。例如，「初口」「火口」等。这类词是根据位置上的相似性扩展出来的，同原意是隐喻关系。

第三类，就「口」具有进出之关键环节的含义，而将其引申为"就职单位、嫁出的人家"，如「働口」「勤口」等，这类词同以上几类一样，是基于位置上的相似性引申而来，是隐喻关系。

第四类，根据日语含义「出入り・出しれの場所」进一步引申而来，表示事物的种类，如「遣口」「別口」等。可以看到，这类词同原意也存在隐喻关系。

3. 表示功能的"口"在日、汉语角合词中的语义扩展

（1）表示功能的"口"在汉语复合词中的语义扩展

口的主要功能是进食和说话，从这个基本功能出发，可以引申出许多关于口的词汇。在汉语中，这类词汇占到了55.7%。当然，被引申出的功能远远超过了"口"的基本概念。通过这种引申，一些同"口"相关的事物就直接被替代了。如"口腹之欲"中的口腹不再指具体的身体部位，而代指"饮食"或"食物"。

所谓"饮食之人，无有失也，则口腹岂适为尺寸之肤哉！"[①]口感、味觉也是由口的功能引申而来的，这类词有"口轻""口重""适口""爽口"等。这种方式属于理想化认知模型中用感知器官代替被感知事物的情况。

另一方面，口是用来说话的器官，根据口的这一功能，可以将其含义扩展为许多方面。总体而言，主要有以下四类。

第一类，由于被感知物可以用感知物来代替，所以，在某些情况下口所表述出来的东西就可以通过口的引申而来，如"口碑""口供"等。这是基于理想化认知模型理论。

第二类，基于理想化认知模型，口本来具有说话的能力，根据这个意思，"口"就被引申出"口才"的含义来。如"口才""口吃"等。

第三类，在理想化认知模型中还有工具代替动作的理论，基于此就可以知道，对某些口的动作，可以通过引申"口"的意义来表示，如"动口""还口"等。

第四类，工具代替方式理论也是理想化认知模型的理论之一，根据这一理论，"口"也可以被引申为一种方式，如"口试""口头"。

（2）表示功能的「口」在日语复合词中的语义扩展

在日语中，表示功能的「口」占整个词汇量的43.8%。与汉语不同，日语中

[①] 李瑾.孟子释义[M].北京：中国青年出版社，2021：19.

表示功能的「口」相对较少。其中有些词，如「経口」「口腹」等大都是根据身体器官的临接性扩展而来。比如，"口腹"在汉语和日语中的含义就有明显的差别。汉语中的"口腹"主要指饮食。而在日语中，「口腹」有两种含义。其一是指食欲，其二指嘴里说的和心里想的。日语中有固定词汇「口腹が違う」，意思是心口不一、口是心非。另外，根据吃东西时舌头的感觉，可以引申出「辛口」「甘口」「後口」等词。

"口"的功能之一是发声，同汉语一样，其语义扩展模式基本上可以分为以下四类。

第一类，基于理想认知理论中工具代替产品理论，「口」可以代替其「产出物」的主要功能之一是说话、发声，所以「口」就具有了其所说出的话的含义，如「口碑」「口供」等。

第二类，基于理想认知理论中工具代替能力的理论，「口」的能力可以作为一种含义表示一类活动，如「口早」「口授」等。

第三类，基于理想认知理论中工具代替动作的理论，「口」的讲话动作可以被引申出来。如「口述」「口伝」等。

第四类，基于理想认知理论中工具代替方式的理论，「口」的特殊的表达方式可以被引申出来，表示一种口头表达方式。如「緘口」「無口」等。

4. 表示包括部位和被包括部位的"口"在日、汉语中的语义扩展

在汉语中，含有包括部位和被包括部位含义的"口"占整体词汇量的7.9%。

口的基本功能——进食，致使人们把目光集中到口上，将其含义引申到关系生命的层次上来，如"糊口""活口""家口"等。从人的生命进而转移到动物的生命上，从而有了"牲口"等词。从口的基本功能向各个含义的转换，就是一种由部分到整体的转喻。

口腔内还有牙齿，在人类常识中，牙齿的数量、质量同生物的年龄存在一定关系。它可以反映人或动物的年龄大小。所以，根据口的这个特点，又可以引申出表示年龄的含义。如"牙口"等。

在日语中，用「口」来表示包括或被包括部位的情况不多，占整体的3.4%。有「口条」，表示动物的舌头。还有「口賦」「戸口」「人口」。前者是属于整体代替部分的换喻关系，后者是部分代替整体的换喻关系。

参考文献

[1] 郭娜.跨文化交流中的日语文化研究——评《日语语言学与跨文化应用》[J].科技管理研究，2022，42（06）：244.

[2] 史倩倩.基于BOPPPS教学模式的日语语言学概论课程新探索[J].中国轻工教育，2022，25（01）：69-74.

[3] 杨丹.日语翻译中的语言文化差异及对策——评《日语语言学与跨文化应用》[J].热带作物学报，2021，42（12）：3766.

[4] 王竣磊.日语语言学研究中"中国资料"概念之辨证[J].高等日语教育，2021（02）：117-129，165.

[5] 单丽.新时代背景下的日语语言学习与商务技巧融合——评《新时代商务日语》[J].热带作物学报，2021，42（08）：2492.

[6] 李雪婕.日语语言学习中结合汉语文化的研究[J].大众文艺，2021（12）：113-114.

[7] 潘钧.日语语言学术语规范问题再思考[J].日语学习与研究，2021（03）：92-101.

[8] 高淑娟.探究语言文化特征提升日语教学质量——评《日语语言学理论研究与日本文化探析》[J].山西财经大学学报，2021，43（05）：129.

[9] 孙成志，柳瑞松.基于Cite Space的日语语言研究的知识图谱分析（2009—2020）[J].辽宁师范大学学报（社会科学版），2021，44（02）：109-115.

[10] 刘霏.日语语言教学法与跨文化教学意义研究——评《日语语言学与跨文化应用》[J].外语电化教学，2021（01）：116.

[11] 苗得厚.日语语言学理论与语法教学研究——评《日语语言与语法分析》[J].林产工业，2020，57（11）：114.

[12] 朱东亮.日语语言学著作的翻译实践报告[D].青岛：山东科技大学，2020.

[13] 柳小花.从文化入手探寻日语学习的有效路径——评《日语语言学理论研究与日本文化探析》[J].语文建设，2020（10）：82.

[14] 葛凡飞.基于CiteSpace的中国日语语言学研究热点综述（2016-2018）——以词汇研究为中心[J].智库时代，2020（07）：255-256.

[15] 赵磊.《日语语言学概论》课程教学改革初探[J].教育现代化，2019，6（91）：78-79.

[16] 周广瑜.日语教学应与日本文化现象有机结合——评《日本语言学理论研究与日本文化探析》[J].领导科学，2019（12）：2.

[17] 谷呈雨.日语语言学视角下对《枕草子》第三十段的考察[D].北京：中央民族大学，2019.

[18] 李召辉.日语语言学教育理论与发展研究——评《日语语言学与日语教育》[J].领导科学，2019（08）：129.

[19] 王书睿.日语语言学理论与语法教学研究——评《日语语言与语法分析》[J].外语电化教学，2018（04）：97.

[20] 张果.茶文化词汇日语语言学术语翻译标准化问题与实践[J].福建茶叶，2018，40（09）：342.

[21] 王凯男.浅谈国内近三年日语语言学研究热点——基于cite space的可视化分析[J].文教资料，2018（13）：38-39.

[22] 施建军.2017年度中国日语语言学研究状况及动向分析[J].日语学习与研究，2018（02）：62-70.

[23] 徐丹，马庆春.日语语言学课"课题研讨式"教学模式实践探究——基于日本"Seminar"经验视角[J].牡丹江教育学院学报，2017（10）：31-32，55.

[24] 何哲，王忻."用教材教"理念在高等教育教学中的践行——以研究生课程《日语语言学概论》的教改实践为例[J].四川职业技术学院学报，2017，27（02）：113-118.

[25] 毛文伟.2016年度中国日语语言研究综述[J].日语学习与研究，2017（01）：1-13.

[26] 毋育新.2014年中国日语语言学研究综述[J].日语学习与研究，2015（01）：1-11.

[27] 李运博.2012-2013年中国的日语语言学研究[J].日语学习与研究，2013(06)：1-9.

[28] 刘学.西方结构主义语言学对日语语言学发展的影响[J].外语研究，2013（04）：54-58.

[29] 徐一平.2008年日语语言学研究动态[J].日语学习与研究，2009（01）：65-71.

[30] 彭广陆.2007年日语语言学研究现状与动向[J].日语学习与研究，2008（01）：1-6.